나와 당신의 아픔과 열정이
우리를 만드는가

나와 당신의 아픔과 열정이 우리를 만드는가

초판 1쇄 발행 2023년 3월 15일

지은이 권용덕
펴낸곳 지식과감성#
출판등록 제2012-000081호

주소 서울시 금천구 벚꽃로298 대륭포스트타워6차 1212호
전화 070-4651-3730~4
팩스 070-4325-7006
이메일 ksbookup@naver.com
홈페이지 www.knsbookup.com

ISBN 979-11-392-0970-9(03810)
값 15,000원

· 이 책의 판권은 지은이에게 있습니다.
· 이 책 내용의 전부 또는 일부를 재사용하려면 반드시 지은이의 서면 동의를 받아야 합니다.
· 잘못된 책은 구입하신 곳에서 바꾸어 드립니다.

지식과감성#
홈페이지 바로가기

나와 당신의 아픔과 열정이
우리를 만드는가

권용덕 지음

지식과감정

프롤로그

시대마다 흐름이 있고 변화가 있으며 때로는 격변이 있다. 그러한 시대의 상황 속에서 좌절이 있고 절망이 있으며 한편으로는 기대와 희망이 있기도 하다고 생각한다. 그리고 그 중심에는 인간 본질에 대한 고뇌와 회의와 함께 또 다른 시각으로의 생명과 존재, 삶의 질의 의미를 모색하며 사회의 발전과 문명의 도약을 기대하는 건 아니겠는가…. 내 나름의 책 쓰기를 정리하면서 거창하게 사회와 세상 그리고 문명에 대해 우려하고 사색하며 어떤 해답이나 방향의 제시를 염두에 두었다고 말하기는 불편하다. 오히려 개인적인 고민과 좌절 그리고 시대를 살아가는 한 인간으로서, 동시에 여러 불협화음과 갈등이 끊이지 않는 사회Society의 한 시민Citizen으로서 나름의 작은 소망이나 이상 정도는 풀어 썼다고 하는 것이 차라리 마음이 편하다. 책을 쓰는 과정은 인간에 대한 그리고 나 자신에 대한 지그시 눈을 감고의 묵상이며, 책을 마무리하면서 어쩌면 감은 눈을 뜨면서의 마지막 눈을 부릅뜸이라고도 할 수 있지 않을까 생각된다. 인간과 세상에 대한 기대와 희망을 얘기하고 싶지만 얘기하면 할수록 더없이 부족하고 작아짐을 느낀다. 그럼에도 불구하고 난 아직 살아 있고 살아갈 수 있으며 살아갈 날이 남은 것은 아닌가. 하루하루의 삶을 영위하면서 때로는 감상에 젖고 때로는 눈을 부릅뜨며 분투하기도 하지만 잠들기 전 내가 진정으로 원하는 것은 소소한 평화의 마음은 아닌가 생각되기도 한다. 책을 쓰기 전, 열정과 기대로 내 마음을 다독이곤 하였지만 책을 끝낸 후 그저 삶의 한편으로 유유히 사라지고 싶은 마음도 간절히 들곤 한다. 삶과 생명의 얼추 중간 기점에 있어 지금까지 밟아 온 길과 풍경들을 되짚으며 책을 마무리했고 어쨌든 의자에서 일어나 다시 땀을 흘리기 위해 밖으로 나가야만 하는 것이다. 땀을 흘리고서야 비로소 편안하게 눈을 감을 수 있기에….

The University of Kansas 졸업

1

나이를 먹고 잠시 동안이지만 목수가 되고 싶은 생각을 가지게 해 준 〈Life As A House〉라는 의미심장한 제목의 영화가 있다. 남 캘리포니아의 아름다운 해안 절벽과 해 질 녘의 노을이 시적인 이미지로서의 배경이 되어 암에 걸려 죽어 가는 한 아버지(케빈 클라인)와 방황하는 아들의 인간적 의미에서의 해후를 고즈닉하면서 애잔한 음악으로 애틋하게 풀어 나가고 있다. 이혼한 지 10년이 되는 케빈 클라인은 25년 동안 건축가의 삶을 살지만 컴퓨터 작업보다 수공식의 작업을 고수한다는 이유로 회사에서 퇴출당한다. 우연찮게 회사에서 해고당한 날 그는 갑자기 쓰러지는데 3개월 밖에 살 수 없다는 말기 암 진단을 받게 된다. 병원의 침대에 누워 앞으로의 삶이 3개월 밖에 주어지지 않았다는 사실에 마음이 무거워진 케빈 클라인은 순간 마음이 약해졌는지 지난 몇 년간 어떠한 인간적 손길의 접촉이 없었다고 시중을 두는 간호사에게 고백한다. 간호사로서의 직업적인 동정심인지 그 아름다운 미모의 간호사는 잠시나마 커튼을 치고 어머니가 병든 아들의 얼굴을 보듬듯 케빈 클라인의 수척해진 얼굴을 상냥하고 자애로운 눈빛으로 어루만져 준다.

케빈 클라인은 퇴원 후 자기가 죽어 간다는 사실을 알리지 않고 이혼한 아내와 함께 살고 있는 방황하는 아들(헤이든 크리스텐슨)과 3개월의 남은 시간 동안 자신의 아버지에게 물려받은 태평양을 바라보는 절벽 위의 낡고 초라한 헛간 같은 집을 허물고 새로운 집을 지을 결심을 한다. 케빈 클라인은 아들과 새 집을 짓는 동안 짧은 시간이나마 인간적으로 가까워지고 싶어 하고 무엇보다 아들이 방황을 뒤로하고 삶에 긍정적인 눈을 뜨게 되기를 고대한다. 욕설을 서슴지 않고 경멸하는 투로 아버지를 대하는 아들에게 케빈 클라인은 어릴 적 자신의 아버지에게 주눅 들어 살았고 당신의 존재 앞에서 작게만 만들려는 억압에 고뇌하고 방황했던 어린 시절을 얘기해 준다. "인간은 삶에 있어서 변화란 너무나도 느리게 다가오기 때문에 때론 자신이 좋은 쪽으로 가고 있는지 혹은 나쁜 쪽으로 가고 있는지 모를 때가 많다. 그러나 미약하지만 작은 변화가 요동치고 있음을 느낄 때 그것을 놓치지 않으면 삶에 큰 긍정적인 변화를 가져 올 수 있다."라고 케빈 클라인은 방황 속에서 헤매며 낙담으로 고개 숙인 아들에게 타이른다.

케빈 클라인은 그의 아버지로부터 억눌림을 당하며 살아와서 생긴 수축된 자아를 그의 아들에게는 물려주고 싶지 않음과 동시에 긍정적인 삶의 눈을 뜨게 하도록 세상을 뜨기 전 마지막으로 아들을 분발하게 하며 격려를 해 주고 싶어 하는 것이다. 아버지가 병들어 죽어 간다는 사실을 인지하면서 그가 새겨 주고자 하는 교훈과 추억의 의미를 알게 된 것인지 그 낡고 허름한 집을 허물고 새 집을 함께 짓는 과정에서 헤이든 크리스텐슨은 자신을 돌아보게 되며 경멸하고 증오했던 아버지인 케빈 클라인에게 마음을 열면서 점차적으로 배려하며 책임감 있는 성숙한 인간으로 변모하기 시작한다. 집을 완성하지 못한 채 케빈 클라인은 암으로 세상을 뜨게 되고 헤이든 크리스텐슨은 슬픔으로 잠시 무력해지나 결국엔 도움이 되고자 힘을 보태 주는 마을 사람들과 함께 집을 완성시킨다. 케빈 클라인은 죽기 전 과거 그의 아버지가 교통사고를 일으켜 휠체어 신세가 된 소녀의 이야기를 헤이든 크리스텐슨에게 해 주게 되는데 헤이든 크리스텐슨은 아버지가 유산으로 남기려 했던 것은 재산으로서의 집이 아니라 그 하나의 집을 완성해 가는 과정에서의 삶의 의미와 노력이었다는 것을 깨달으며 그 완성된 집을 불구가 되어 힘들게 살고 있는 소녀에게 기부하는 것으로 영화는 끝이 난다.

 이 드라마적인 영화가 기억에 계속 맴도는 이유는 아련한 향수를 불러일으키는 아름답고 고즈넉한 남 캘리포니아의 태평양 바다에 대한 이미지도 있겠지만 영화에 등장하는 배우들의 인간적 공감을 불러일으키는 미묘하고 세심한 표정 연기와 눈빛들이 인상적이며 진실됨이 느껴지기 때문이다. 아울러 단 몇 개월 만이 내가 살 수 있는 시간으로 주어진다면 내가 무엇을 해야 할 것인가에 대해서도 이 영화로 하여금 생각하게 한다.

 가족, 친구, 연인에게 사랑한다는 말을 해 줄 수도 있으며 세상에 대한 아쉬움과 미련도 내려놓을 수도 있는…. 그동안 소홀히 했던 내면의 뚜껑을 열어 보는 것도 의미 있지는 않을까. 어쩌면 크게 생각할 필요도 없을 듯하다. 내가 하나의 작은 메시지가 되어 누구 하나만으로도 진정성 있는 소소한 소통으로서의 전달이 이루어진다면 이 또한 보람 있는 건 아니겠는가. 그 소통과 메시지의 전달이 작고 소소하더라도 그 누구도 우리를 조소하거나 비난할 수는 없을 것이다. 누군가와 진실되게 무언가를 나누었다는 것, 진정성 있게 교감하며 서로를 확인한다는 것, 그럼으로써 크지는 않더라도 우리의 한 부분을 알고 간다는 것. 이 하나만으로 우리는 이 세상에 살고 간다는 의미를 나름 헤아리고 이루었다는 것은 아닐까. 이로써 우리는 우리 나름대로의 삶을 충실하게 대했다고 말할 수 있는 것은 아닌가.

2

'철이 든다'라는 말이 있다. 여러 가지로 해석할 수는 있겠지만 '철이 든다'라는 건 나를 포함하여 주위를 조심스럽고 신중하게 돌아본다는 것은 아닐까. 나이가 든다고 철이 저절로 드는 것도 아니고, 어느 때가 되었으니 '이제 정신 차리고 술도 줄이고 열심히 돈을 벌어야지'라는 결심도 철이 든다고 말하기에는 뭔가 부족함이 느껴진다. '철이 든다'라는 건 복잡하게 생각할 필요 없이 일단 자신의 내면을 바라보는 것부터 시작하는 건 아닐까. 내가 당연하고 자연스럽게 누리고 있는 혜택, 그리고 문명의 이기와 편의에 있어 그 누군가들의 희생과 헌신이 먼저 있어 왔다라는 것을 헤아리는 것부터 발을 디디는 것이 '철이 든다'라고 나는 생각하는 부분이 있다.

　지난 역사 속에서 비행기의 발명과 실험으로 사라져 간 발명가와 개척자들. 미지의 영역이던 저 깜깜한 우주로 솟아오르는 우주 왕복선에서 산화한 비행사들. 참혹한 전쟁 속에서 재가 되어 사라진 수많은 젊은 생명들. 타깃의 일순위임을 알면서 미션 자체가 죽음임에도 비장한 자세로 적진으로 뛰어드는 정찰 파일럿과 정찰병들. 지뢰를 밟아 화염에 휩싸이는 차량에서 폭발이 일어날 것을 알면서도 목숨을 무릅쓰고 동료를 차 밖으로 구해 내는 전우애의 전사들. 무수히 많은 예들이 있겠지만 지금의 나, 현 시점의 우리의 세상을 바라보며 바람처럼 사라져 간 무수한 희생들과 헌신을 되짚어 본다는 거. 그러면서 하루하루 무언지 모를 감사를 느끼고 고난이며 시련과도 같은 삶을 성실하게 열심히 살아가는 자들에 대한 희미하나마 애틋한 동정과 연민을 잠시라도 느낄 수 있다면 '철이 든다'라고 할 수 있는 건 아닌가 생각하고 있다. 나의 노력과 나의 땀방울이 나 자신을 비롯하여 잠정적으로 타인들에게 도움이 되리라는 생각. 이러한 생각들이 응집하여 서서히 사회는 발전하고 문명은 앞으로 나아가는 것은 아닌가라는 생각들이 어쩌면 우리가 알고 있는 일반의 보편적 가치관의 토대를 이루는 건 아닐까. 세상에는 서로가 서로에게 긍정의 영향력을 행하려는 좋은 사람들이 있기도 하지만 한편으로는 서로가 서로의 빈틈과 약점을 이용하고 공략하려는 나쁜 사람들도 있을 수도 있다는, 이러한 양면이 있는 현실을 고려해 볼 때 해야만 한다면 우리는 자신을 과감히 던져 때로는 맞서 싸움을 할 준비도 해야 하지 않을까. 이런 견지에서 굳이 오늘날을 가능하게 한 지난날의 희생과 헌신까지는 기여하지 못하더라도 허무와 상처, 낙담을 불러일으키는 불의와 부당함에 대항하는 파이터 혹은 전사가 되는 것도 나름 깊이가 있는 '철이 든다'라는 것은 아닐까. 어쩌면 다른 표현으로 '철이 든다'라는 것은 나를 누르는 세상과 맞서 나를 증명한다는 것일 수도…. 그리고 그것이 긍정의 영향력일 때 우리 모두는 각자가 나름의 위인Hero이 될 수 있다는 것을 함께 인지하자.

3

 윌리엄 서머싯 몸의 《달과 6펜스》라는 작품에서 고갱으로 나오는 중년의 스트릭랜드는 가정을 버리고 화가가 되고자 어느 날 홀연히 파리로 떠나지. 마치 세속적인 안정된 삶이 아무런 가치가 없었다는 듯 기본적인 의식주의 욕구는 뒤로하고 굶주린 야생 동물처럼 그림 그리기를 탐하게 되지. 거렁뱅이 같은 모습에 먹는 거라곤 메마른 빵 한 조각 뿐임에도 스트릭랜드의 눈빛은 퀭한 듯하면서 불꽃이 튀어 오르는 활화산처럼 강렬하고 생기가 넘치지. 주의의 조롱과 손가락질에도 스트릭랜드는 의연했으며 조용한 은둔자처럼 지내면서도 마치 세상에 두려워할 것이 아무것도 없다는 듯 때론 거친 난봉꾼처럼 행동하기도 하지.

그가 그린 그림들은 평범한 사람들에게는 야유와 조소의 대상이었는데 스트로브라는 그림 거래상이 스트릭랜드가 그린 그림의 진면목을 알게 되고, 어느 날 지속된 굶주림과 쇠약해짐으로 사경을 헤매던 스트릭랜드를 자신의 집에서 재우고 간호하게 되지. 스트릭랜드를 돌봐 주던 자신의 부인이 그와 함께 떠나겠다고 이별을 선언하는 와중에서도 스트로브는 스트릭랜드의 강렬한 야수적인 예술성과 독특한 미적 감각에 대한 진심 어린 경외감으로 그를 용서하려 하며 스트릭랜드로부터의 난폭하고 냉혹한 굴욕적 대우를 감수하고 말지….

어떤 사람들에게는 대다수 사람들이 소유하지 못한 심미안이 있기도 하며 이에 더해 그런 심미안의 테두리를 초월하여 독특하고 특출난 예술성과 미적 감각, 그리고 세상을 보는 특유의 시각을 가지고 그들만의 유일무이한 예술 세계를 창조하고 영위하는 자들이 있다…. 사상과 예술에 있어 여러 사람들이 있겠지만 여기 서두에 언급한 화가인 고갱을 포함해서 음악에서의 베토벤, 철학에서의 쇼펜하우어, 문학에서의 오스카 와일드와 셰익스피어 등등…. 이런 종류의 특출 난 심미안을 가지고 예술과 사유의 세계를 탐구하는 자들은 대체로 사회가 당위적으로 받아들이는 인습과 관행을 무시하거나 초탈하여 때로는 안하무인격으로 행동하기도 하고 어떤 권위나 형식적 제도의 틀 안에서도 자유롭고 당당하며 거침이 없기도 하다.

오로지 자기 자신에게 주어진 사유의 기술과 예술적 열망 혹은 열정을 불태워 소진시키는 것만이 삶의 유일한 목적이고 세상에 존재하는 이유이기도 한 이들을 우리는 그래서 천재라 부르고 있는 건 아닌가 생각한다. 그리고 그런 천재는 사회를 떠나 그리고 국적을 떠나 더 나아가 시대와 문명을 상징하고 기념하는 수준까지 가기도 한다고 믿고 있다. 하지만 어떤 천재적인 역량을 가진 사상가와 예술가가 있더라도 다수의 평범한 사람들은 그의 진정한 가치를 쉽게 깨닫지 못하기에 예술에 대한 감정사가 있기도 하고 철학 혹은 사상에 대한 비평가도 있기도 한 건 아닌가. 이러한 이유로 교육이란 것이 중요한 것이고 다양한 재능과 시각이 열릴 수 있도록 휴머니즘에 근거한, 보다 문명화된 시민 사회의 창출이 의미 있게 느껴지는 것이다. 때로는 기록에 남을 만한 어떤 역사적이면서 숭고한 의인의 업적과 행위뿐만 아니라 어떤 세대와 사회를 자랑스럽게 하며 혹은 그 나라의 국격을 진일보시키는 천재적 성취와 작품이 문명사적으로 더 의미 있고 중요할 때가 있지 않나 생각한다. 과학과 기술 그리고 예술과 철학에서 그 사회와 국가를 의미심장하게 상징하고 대표할 만한 천재는 필요한 것이고 무엇보다 '그런 천재가 나올 수 있는 환경과 여건을 조성해야 하는 것이 시민 사회와 인간 문명의 도리이고 책임이다'라고 생각한다. '사유'의 기술보다 '암기'의 기술이 강조되는 무미건조한 교육시스템, 끝도 없는 듯한 공허의 메시지만 가득한 정치적 갈등과 기득권을 중심으로 한 진영 간의 첨예한 사회적 대립에서 한국의 꿈 많은 젊은이들과 재능 있는 창작가들은 이정표 없는 길 위에서 방황하며 헤매고 있는 건 아닌가 하는 안타까운 느낌이 들곤 한다. 보다 질이 좋은 교육과 사회적 미덕의 확장으로 하여금 성숙하고 균형 잡힌 가치관의 배양으로 학생과 교육자 그리고 많은 시민들이 창의성이 넘치며 깊이가 있고 개성이 넘쳐 활기가 새어 나오는 사회적 여건과 환경을 만들고자 노력하고 있는가를 진지하게 되돌아보자. 감동을 자극하는 창작, 예술, 그리고 깨달음을 인도하는 새로운 사유와 철학의 탐구와 발견은 한편으로는 휴면상태에 있는 또 다른 인간성의 발현이고 그 인간성의 발현으로 하여금 우리는 새로운 가능성을 찾는 길로 들어설 수도 있지 않겠는가…. 우리가 찾고자 하는 가능성과 잠재성, 그리고 이에 대한 소망과 긍정은 때로는 어두움 속에서 아무도 발견하고 응시하지 않은 심연과도 같은 우리의 내면의 밑바닥에서도 피어날 수 있음을 기억하자.

4

정치에 있어 보수가 있고 진보가 있다. 자유민주주의 체제를 유지하는 세상의 대부분의 나라는 이 보수와 진보가 서로 협력하기도 하고 때로는 갈등하기도 하며 비록 그들의 입장과 시각은 다르기도 하지만 보다 살기 좋은, 더 나은 사회를 만들기 위해서 머리를 맞대고 궁리한다는 사실은 너무나도 자연스럽고 당연하게 느껴지는 시대이기도 하다. 이 두 개념이 자유민주주의체제에 걸맞는 공동선의 증진과 추구라는 목적을 공유한다면 개인과 더불어 그 개인들이 구성하는 사회가 올바른 방향으로 가는가에 고민할 것이고 이런 관점에서 우리는 인간을 바라보아야 할 필요가 있고 바람직한 사회는 무엇으로 바탕이 될 수 있는가를 생각해 볼 필요가 있지는 않을까.

그렇다면 우리가 이루고자 고민하는, 보다 살기 좋고 더 나은 사회란 무엇일까. 원만한 의식주의 해결과 함께 각각의 사회 구성원들이 염원하는 평화와 안정 그리고 소소한 행복의 실현에 그 목적과 의의는 있지 않을까. 보다 나은 사회라 하더라도 특별히 복잡하게 준비하고 갖추어야 한다는 생각은 일단 미루자. 우리의 일상에 그리고 앞날에 영향을 끼치는 제도적, 법치적, 교육적 가치와 체계에서 기본과 상식의 중요성이 강조되고 나름 공정하고 편견 없는 사회 분위기와 시스템이 준비되어 있는지 점검하는 것부터 시작하는 건 어떨까. 우리가 염원하는 바람직하고 이상적인 사회가 무엇인지는 구체적으로 말하긴 어려우나 노고와 수고에 대해 보람과 감사를, 그리고 진실된 땀과 노력으로 이로운 목적과 이상을 가지도록 한다면 이보다 더 살기 좋고 바람직한 사회는 상상하기 어렵지 않을까.

그렇다면 인간을 인간답게 하는 것은 무엇일까. 물론 원만한 의식주의 해결이 기본이 되어야 하겠지만, 인간다움을 논하는 데 있어 우선 인간으로서의 정신적 가치를 이야기하는 건 어떨까. 그렇다면 인간을 인간답게 하는 정신적 가치는 무엇일까. 우리의 일상은 말 그대로 경쟁으로 점철되는 치열한 현실…. 사람들을 상대하는 것에 있어, 때로는 자신을 상대하는 것에 있어 하루하루가 버겁고 하루하루가 노곤한 우리네는 아닌가. 이것 역시 괜스레 무겁고 복잡하게 학리적인 견지에서 생각해 볼 이유는 없다. 우리의 일상을 영위하는 데 있어 굳이 철학, 윤리, 도덕을 거론하며 가뜩이나 피곤한 세상…. 우리를 더 지치게 하는 것은 아닌가. 쉽게 생각해서 인간다움이 실천이기도 하고 동시에 마음가짐이기도 한다면 우리 모두의 일상에서 어렵지 않게 발견할 수 있다는 희망을 가져 보자. 세상일에 있어 아무리 영리하고 기민해도 우리 홀로 해 나갈 수 있는 일이 많이 있지는 않다. 홀로이어도 때로는 서로 얽혀야만 하는 상황과 이유가 있고 그런 과정에서 서로 도움을 주고받는 일이 있기에 나 자신이 나아지고 궁극적으로 사회는 앞으로 나아가는 건 아닌가. 이러한 상호작용에서 피어나는 스스로에 대한 보람과 서로에 대한 감사는 어쩌면 우리가 내심 갈망하는 그런 스쳐 지나간 행복의 단편들은 아닌가. 각자의 노력을 바탕으로 서로 도움을 주고받는 그러한 과정에서 누군가는 신세를 지게 될 수도 있고 누군가는 베푸는 것이 될 수 있다는…. 모든 일에는 거래란 것이 있지만 매사에 똑 떨어지는 계산적 거래가 항시 있을 수 있는 노릇은 아니지 않나. 이러한 관점에서 우리는 오로지 홀로 할 수 있는 일은 의외로 그리 많지 않고 때로는 관계 속에서 서로 도움을 주고받는 일은 필요하고 항시 배려하고 베풀 수는 없더라도 받은 거에 대한 보답 혹은 시간이 걸리더라도 신세를 갚거나 신세를 갚으려는 마음가짐의 자세에서 우리는 우리를 인간답게 하는 건 아닌지. 우리가 인간다움을 느낄 때, 사랑이든 우정이든 그와 같은 다른 소중한 감정들이 더욱 값지게 느껴지며 살아가고 있음에 살아 있음을…. 아름다운 것을 바라보고 진정 아름다움을 느끼게 되는 건 아닌가. 인간이 넘치는 게 아닌 '인간다움'이 넘치는 사회에서 우리는 바람직한 사회를 그려 낼 수 있고 그러한 사회에서 '인간다움'은 또 다른 가능성의 여지를 열어 두고 진일보할 수 있는 건 아닐까.

5

      2014년 경기도 연천의 한 부대에서 선임병과 초급 간부로부터의 지속적인 구타와 가혹 행위로 부대원 한 명이 사망하는 사건이 있었다. 이를 두고 한 정치인은 그 가해자들을 향해 총기를 난사해도 무방하다며 다소 과한 표현을 했는데, 한편으로는 그만큼 보는 이로 하여금 분노와 통탄 그리고 격정 같은 거친 감정을 불러일으킨다는 것은 아닌가 생각해 볼 일이다. 얼추 10년이 다 되어 가는 시점에서도 아직도 군부대 내에서 구타와 가혹 행위 등으로 국방의 의무를 다하려는 젊은이들에 대한 권리와 인격이 여전히 은밀하게 짓밟히고 있고 억울하게 목숨을 잃거나 심각한 정신적 트라우마를 겪게 되는 일련의 사건과 사고들이 방조되거나 묵인되고 있는지 여전히 모를 일이다. 어쨌든 이러한 구시대적 인격의 말살은 은근히 한동안 지속되어 왔고 때로는 군대 내의 한 관습과 관례로서 그 뿌리를 뽑아내지 않고 이어져 온 건 아닌가 한다. 그 일련의 불미스럽고 불명예스러운 사건과 사고에서 가해자와 희생자 사이에 어떠한 내막이 있고 이면이 존재하는지는 모르나 적어도 인권 유린적 행태에 있어 당사자인 젊은 청년들은 부당하거나 지나치게 불합리한 일이나 대우에 있어서 때로는 목청껏 고함을 지르며 눈을 부릅뜨고 과감하게 들고 일어나야 하는 자세가 필요한 건 아닌가. 그렇다면 자유민주주의를 영위하는 한 시민으로서, 국방의 의무를 이행하는 강인한 군인의 태도로서, 그리고 성인이 되어 가는 길목에 있어서의 한 인격체로서 당사자뿐만 아니라 우리의 마음가짐은 무엇이어야 하는가에 관한 명제는 가볍게 지나칠 수는 없는 문제이기도 하다. 국방의 의무를 이행하다 일어난 그 어이없고 비참한 비극은 한편으로는 한국 교육의 폐해이고 가정 교육의 부재이며 부조리한 문화의 폐단으로 점철되는 것은 아닌가? 이에 있어 우리가 인지하고 깨달아야만 하는 교훈이 있다면 무엇일까? 그저 시키는 대로 얌전하게 죽음을 기다린 세월호의 어린 학생들이 떠오르는 건 왜일까? 동시에 학교에서 벌어지고 있는 적지 않은 학교 폭력과 이에 대한 방임 혹은 제대로 된 처벌의 부재가 떠오르는 건 왜일까? 언제까지고 인간이 가지는 양면성에 있어 적지 않은 부분을 차지하는 어두움과 사악함에 대해 성토만 할 것인가? 때로는 싸우고 이겨 내야 하며 의미심장하게 극복해야 하는, 인간이 가지는 어두움과 사악함의 속성을 솔직하게 인지하고 응시하며 우리는 어떠한 교훈을 만들고 어떠한 교육을 창출해 나가야만 하는지 진지하게 고민해야 할 시점은 아닌가. 이러한 숙고와 반추의 과정에서 자유민주주의가 배경이 되는 사회의 성실한 구성원으로서 가져야 할 자세는 무엇인가 고민해 보면서 선Good에 대한 가치, 그 선Good을 지키거나 실현하기 위해 담대하게 싸워 맞서는 길이 이어져 있는 문화와 정신 그리고 교육은 제대로 자리 잡고 있는가를 살펴보는 건 어떨까? 인간이 가지는 양면성에 있어 어두움이 있다면 밝음이 있듯이, 어두움을 부정하고 외면하기보다는 인간이 가지는 밝은 부분, 선한 부분에 있어서의 힘과 에너지 그리고 잠재성을 자극하고 고무하여 어두움의 부분에서도 교훈이 있고 성장의 씨가 발아할 수 있다는 사실을 인지하는 것이 우리가 우리 스스로에게 아울러 우리가 후세대들에게 전파하고 이루어야 할 교육에 있어 커다란 부분을 차지할 수 있다는 사실을 인식할 때가 되지 않았나 생각해 보자.

6

　　　　　　　　　　　　　　　　브래드 피트가 주연한 〈Fury〉
란 2차 세계 대전을 배경으로 한 영화가 있다. 브래드 피트가 역할 한
전차장은 2차 세계 대전의 실존 인물은 아니지만 한국전에서 놀라
운 활약을 펼친 미군의 전차 소대장이 모티브라는 말이 있기도 하
다. 여하튼 공통된 배경은 전장이고, 전쟁의 참혹함에 있어 인간성
에 대한 방황과 상실감은 영화의 전반적인 주제는 아니지만 단편적
으로는 보여 주고 있다. 세밀하고 정교한 전투 장면에 있어 수준 높
은 고증이 영화의 매력이기도 하지만 무엇보다 상기되는 것은 전장
에서의 고뇌와 고단함을 뒤로하고 브래드 피트의 격정으로 뱉어 내
는 "Ideal is peaceful, history is violent."라는 대사는 아닌가

한다. 평화란 이상에 가깝지만 인간의 역사는 폭력으로 얼룩져 있다는…. 전쟁의 참상과 비극, 그리고 전쟁의 필연성 혹은 무용함을 얘기하려는 건 아니다. 전쟁 속에서, 파괴로 잿더미가 된 땅 위에서, 셀 수 없이 널브러진 시체들이 쌓인 대지 위에서 절망하는 인간성에 대한 이야기도 어쩌면 식상하지는 않나. 그만큼 우리는 전쟁에 대해 잘 모르고 있는 부분보다 알고 있는 부분이 더 크다고 할 수 있지 않을까….

전쟁을 일으키면서 혹은 겪음으로써 가장 크나큰 손실은 무엇일까. 돈, 기반 시설, 생명, 그리고 잠시 끊기는 문명의 흐름, 인간성의 상실과 변질도 말할 수 있지만 한편으론 우리는 전쟁의 비극 속에서만 얼룩져 가고 훼손되는 인간성을 논할 만큼 평상시의 우리에 대해 떳떳하며 부끄러움은 없는가. 전쟁의 서막은 평상시의 어두움 속에 은밀히 뒤틀리고 비틀어진 인간성의 한 단편으로부터 발아하는 건 아닌가. 비참하고도 야만적인 전쟁이 가져다주는 역사로부터의 교훈에 우리네들의 인간성은 잠시나마 가지런히 정리되고 추슬러질 수는 있다 하지만 머리에 쐐기를 박는 듯한 첨예한 인식과 깨달음이 부재하는 한 규모가 크건 작건 전쟁이란 다시 일어나지 않으리라는 보장은 없을 것이다. 우리네들의 소소한 일상도 어쩌면 하루하루 개인마다의 작은 전쟁과 갈등으로 점철되는 것은 아닐까. 일상에서의 우리가 소유하고 싶은 것을 포함하여 더 나아가 한정된 재화와 자원 그리고 영토는 우리 모두의 관심이고 욕망이라는 것을 부인할 수 없다. 일상에서의 갈등, 더 나아가 분쟁과 전쟁은 이러한 욕망과 관심이 사그라들지 않는 한 혹은 충족되지 않는 한 언제까지나 계속 생겨나게 될 것이라는 추측은 터무니없지 않다. 그렇다면 실질적 해답은 무엇일까. 싸우고 갈등하지 말자는 약속이나 원칙도 아니고 서로 간 전쟁을 일으키지 말자는 합의나 조약도 아닐지도 모른다. 당장에 해답을 찾고 싶고 해답을 원하지만 어떤 지혜나 깨달음이 한참의 시간이 흐른 후 어느 시점에 가서 불현듯 자기도 모르게 떠오르는 것처럼 일단은 인간은 앞으로 가야 할 수밖에 없는 것은 아닐까. 어떠한 험난한 길이 나오든 어떠한 돌부리에 걸려 넘어지든 그 앞에 무엇이 있으리란 건 누구도 장담할 수는 없다. 하지만 인간이 가고자 하는 길에 있어 한동안 험난한 길이 펼쳐진다 하더라도 망설이거나 주저할 필요는 없다. 그 험난한 길의 끝자락엔 평탄하고 잔잔한 길이 펼쳐지리란 기대는 어렵지 않은 거 아닌가….

7

　　　　　　　　　　인간에게 있어 자유가 가지
는 무게와 가치는 무엇인가? 깊이 생각해 보지 않더라도 자유가 있
기에 인간은 평화를 느끼고 소소하더라도 진실된 행복을 염원하며
나름의 꿈과 이상의 실현을 위해 노력하며 하루하루 땀을 흘리는 건
아닌가. 조금만 더 깊이 생각해 보자면 끊임없이 의지를 가지고 목
표로 하는 저 어떤 곳을 향해 나아가려는 인간의 본능은 자유를 누
림으로써 민주주의에 걸맞는 수많은 개성Individuality을 만들어
내고 개성과 다양성의 진작에서 사회는 생기가 더해져 보다 활기와
창의성으로 다채로워지며 더 나아가 인간의 문명은 저 광대한 우주
속에서 생명과 삶의 물음에 대한 실마리와 해답을 연구하고 탐색해

나갈 정도로 놀라운 발전을 해 온 건 아닌가.

　굳이 정치적인 의미로 자유의 의미를 정의하지 않더라도 자유가 가지는 힘과 영감은 개인의 일상과 삶 그리고 사회와 문명, 더 나아가 우주Universe와 생명의 태동과 그 관계 속에서 무한한 가능성을 부여하고 지고한 이상을 꿈꾸도록 하는 것은 아닌가. 압제와 폭압의 억울하고 답답한 환경에서 매질 혹은 실탄에 굴복하지 않고 자유를 부르짖으며 부당하고 부정한 힘과 권력에 대항하며 고뇌하는 인간의 정신Mentality과 믿음Belief은 바라보는 이로 하여금 우리가 누리고 있는 자유의 가치에 대해 진중한 고민과 자성을 불러일으키지는 않나. 우리가 당연하고 자연스럽게 누리고 있는 자유를 가지고 우리의 일상은 풍미가 더해져 가고 그리하여 우리의 사회는 풍요롭게 발전되어 가고 있는지 돌이켜 보자. 자유가 있음으로써 평등의 중요성을 인식하고, 자유가 있기에 인권에 대해 진지하게 고민할 수 있음을 인지하고, 자유의 가치와 중요성이 기본적으로 내재해 있는 그러한 민주주의를 영위하는 시민으로서 우리는 어느 곳을 바라보고 있는지 잠시 멈추고 되돌아보자. 자유란 인간의 간절한 염원과도 같은 평화와 행복의 달성에 있어 필연적으로 중요하다는 인식이 선행된다면 과연 우리는 자유에 대해 어떻게 교육받고 생각을 해 오고 있었나. 자유란 우리네의 고단하기도 하지만 소소하고 보람찬 일상에서, 활기와 생동성으로 유지되고 발전하는 사회 안에서, 더 나아가 저 끝도 없는 우주 속에서 인간의 숙명을 고민하게 하며 때로는 이상을 품는 것을 가능하게 하는 그러한 인간의 삶과 생명에 떼어 낼래야 떼어 낼 수 없는 중요한 가치이며 원동력은 아닐까.

8

 끝도 없이 평행선을 달리는 듯한 공허한 메아리 같은 이념을 다루는 글도, 사탕발림 감성으로 낭만을 이야기하는 글들도 식상하다. 존재의 가벼움과 삶의 허무와 덧없음에 있어, 현대 사회의 방황하는 고독한 개인 그리고 군중을 이야기하는 글도 진부하기만 하다. 보다 통렬한 현실적인 안목에서 눈을 부릅뜨며 삶과 죽음의 경계에서 음울한 듯하지만 치열하게 영감과 분투를 고취시키는 글쓰기는 어려운 일일까? 치열한 경쟁 사회에서 배신과 배반으로 이어지는, 그래서 서로의 등에 날카로운 비수를 꽂아 대는 비정하고 때로는 무정하기도 한 인간 사회에서 문명의 도약을 그려 보게 하고 인간을 진지하게 들여다보며 진정한 진보와 참된 사랑을 이야기하는 글들은 없는가? 쉽지 않은 답답한 현실에 실망과 고단함으로 때로는 긍정과 밝음을 떠올리는 것을 주저하기도 하지만 우리네 삶을 관조하고 통찰하는 냉철한 철학 속에서 비장감 있는 희망과 약속을 선사하는 무게감 있는 글들이 많이 보였으면 하는 바램이다.

 글쓰기란 인간의 일상과 삶의 이러저러한 주제를 다루는 것이며 이런 견지에서 휴머니즘은 커다란 명제가 아닐 수 없다. 그렇다고 어줍잖은 감상적 휴머니즘을 다루는 글을 쓰기에도 거북하며 보기에도 불편하다. 희멀건 피부와 윤기가 흐르는 인상에 해맑은 표정으로 삶과 죽음 그리고 인간의 번뇌와 모순을 말한다는 것도 왠지 거북하기도 하고 듣기에 불안하기도 하다. 단순한 지식의 섭렵보다는 뼈저린 인식을 바탕으로 한 땀과 눈물로 다듬어진 지성은 굳이 허구란 살을 덧붙이고 억지식의 논리로 그가 전달하고자 하는 이야기를 윤색하고 치장하지는 않을 거라고 생각하는데…. 우리 사회는 지성의 기근에 시달리고 있는 건 아닌가? 한편으로는 '지성' 그 자체가 현대 사회에 걸맞지 않은 부담이고 무게이며 불편은 아닌가. 중심에 있으면서 홀로이어야 하는 '지성'의 자세는 상상만으로도 외롭고 힘든 건 아닌지. 넌지시 물음을 갖는다.

9

리들리 스콧 감독의 〈G.I. JANE〉이라는 네이비 씰 특수 부대의 훈련을 다룬 영화가 있다. 미 해군에서 남녀 차별에 대한 갈등의 싹을 자르려는 시도로 Test Case로서 여주인공인 데미 무어를 혹독하기로 유명한 씰 트레이닝에 합류시킴으로써 일어나는 부대에서의 사건과 정치권에서의 모략을 영화는 이야기한다. 일부 정치인들과 국방부 관계자는 해군 정보 장교이던 데미 무어에게 도전할 기회를 주되 실패한다면 미 해군에서 행해지는 남녀 차별이 어느 정도 정당성을 인정받기에 그녀의 씰 특전대 훈련을 주의 깊게 바라본다. 혹독한 훈련 체계의 원칙을 지키는 냉혹하고 무자비한 선임 훈련 교관은 데미 무어의 탈락을 은

근히 기대하지만 그녀를 모함하거나 전우애 없이 그녀의 탈락을 유도하는 씰 훈련생에겐 가차 없는 모습을 보인다. 훈련생들의 조롱과 견제 그리고 극한의 상황에서 낙담하고 흔들리는 데미 무어에게 선임 훈련 교관은 이런 말을 건넨다. "There are no bad crews, There is only a bad leader." 선임 훈련 교관의 이런 회유하는 듯한 사기 진작에 데미 무어는 스스로 머리를 밀며 마음가짐을 다시 하는 모습을 갖는다. 훈련과 교육의 강도는 더욱 거세어져 가고 마지막 관문인 인질이 되어 고문을 견뎌야만 하는 생존 훈련에서 선임 훈련 교관은 잔인하고 무자비한 모습으로 부하들의 원성을 사면서도 데미 무어를 극한으로 몰아가는 테스트를 한다. 동료들은 인질로 잡혀 투옥되고 마찬가지로 인질이 된 그녀도 두 손이 묶여진 상황에서 선임 훈련 교관은 인정사정없이 생존 훈련의 강도를 극한으로 몰아붙인다. 피가 낭자하고 얼굴이 부어터지게 하는 선임 훈련 교관의 데미 무어에 대한 일방적이고 잔인한 구타는 훈련생들로부터 "Bullshit!"이란 외침을 유발시킨다. 입에 가득 피를 흘리며 두들겨 맞아 지칠 대로 지쳐 무릎을 꿇고 있는 데미 무어에게 선임 훈련 교관은 냉정하고 단호한 눈빛으로 그녀가 씰 훈련을 포기하기를 거칠고 큰소리로 종용한다. "군대에서 여자는 남자를 감성적으로 만들고 사기를 저하시킨다."는 선임 훈련 교관의 매몰찬 비아냥에 데미 무어는 갑자기 분노와 격정의 눈을 부릅뜨고 "Suck my dick. 엿 먹어라."를 외치며 자리를 박차더니 군홧발로 선임 훈련 교관의 얼굴을 가격하고 비틀거리며 쓰러진 그를 사정없이 걷어차고 코뼈를 부러뜨리며 피를 보게 한다. 선임 훈련 교관은 충격에 잠시 몸을 가누지 못하나 데미 무어를 지그시 쳐다보며 테스트에 합격했다는 듯한 회심의 미소를 조용히 보여 준다. 그리고 씰 훈련생들은 모두가 하나가 되어 "Suck my dick."을 외치며 환호한다.

결론적으로 영화는 미 해군 네이비 씰 대원이 되고자 하는 지원자들을 훈련시키는 과정에서 '파이터'로서의 정신Mentality 형성과 엘리트 특수 부대원 특유의 마음가짐과 가치관을 엿보고 상기하려는 건 아닐까 생각한다. 선임 훈련 교관은 혹독하고 무자비하며 때로는 고개를 저을 정도로 비정한 교육 방법으로 훈련 부대원을 좌절케 해 원성을 사게 되지만 나중에는 훈련을 끝까지 버텨 낸 부대원들이 그의 군인으로서의 철학과 깊은 뜻을 이해함으로써 존경과 권위에 대한 새로운 시각을 가지게 된다는 것을 영화는 그려 내고 있는 것이다. 자신이 지독하고도 무자비한 교관으로 인식되고 있음을 알면서 한마디 짧게 던지는 말. "There are no bad crews, There is only a bad leader." 그만큼 조직의 가야 할 방향을 이끌고 목적의 달성 혹은 성취에 있어 구성원들의 잠재력을 이끌어 내고 장점을 조율하며 효율을 극대화하는 데 무엇보다 지도자의 자질이 중요하다는 의미가 아닌가 한다. 그렇다면 지도자 혹은 리더로서의 바람직한 자질은 무엇일까. 여러 가지가 있겠으나 이 영화와 접목하여 하나를 언급한다면, 다른 구성원들과 확연히 구분되는 두드러지는 정신Mentality은 아닐까. "Mind over body." 이 또한 '정신'의 중요성을 강조하는 말이다. 남다른 지도자나 리더는 나름의 강인한 육체와 부합하여 그에 걸맞는 '정신의 가치'가 돋보이고 특유의 인내와 지혜로 사람들에게 감화를 선사할 때 우리는 그 혹은 그들에게 존경과 권위를 자연스레 부여하는 건 아닌가. 이런 의미에서 진정한 권위와 존경은 단순히 주어지는 것이 아니라 얻어지게 된다는 것을 명심하자.

10

　　　　　　　　　　　　　리들리 스콧 감독의 〈블랙 호크 다운(Black Hawk Down)〉이란 영화가 있다. 소말리아의 모가디슈에서 벌어진 미 특수 부대의 전투와 활약을 그린 영화지만 내가 조명하는 것은 영화의 스토리라기보다는 작전 수행에 있어 엿볼 수 있는 특수 부대원들의 남다르게 구별되는 투혼과 전우애이다. 사방이 적으로 둘러싸인 격렬한 전투 중 영화의 제목처럼 말 그대로 블랙 호크 헬기 한 대가 민병대의 공격으로 모가디슈의 한복판에 추락하게 된다. 추락한 대원들의 생사는 확인하기 어려운 상황에서 이를 보고 공중에서 엄호 사격을 하고 있던 게리 고든, 랜디 슈가트 두 명의 델타포스 스나이퍼는 통제 센터의 작전 사령관에게 추락한 대원들을 구조하고자 헬기에서 하강하기를 요청한다. 아무리 숙련된 특수 부대원들이라도 사방이 적으로 포위된 상황에서 어차피 죽을 목숨이라는 것을 직감한 작전 사령관은 두 번이나 그들의 요청을 거부하지만 두 델타포스 스나이퍼의 세 번째 거듭된 요청에 결국 "건투를 빈다."라는 말과 함께 그들의 구조 임무를 허락하고 만다. 지상에 내려간 두 델타포스 대원은 치열한 교전 끝에 안타깝게도 사망하고 말지만 그들의 희생으로 추락한 헬기 조종사인 마이클 듀랜트는 목숨을 부지하게 된다.

여기서 말하고 싶은 것은, 위험한 것도 위험한 것이었지만 얼마 못 가 자신들의 목숨을 잃게 되는 운명의 상황임에도 그 두 명의 특수 부대원은 고통으로 신음하고 있는 동료를 구하기 위해 기꺼이 적진으로 몸을 던진다는 사실이다. 크면 크다고 할 수 있고 작으면 작다고 할 수 있는 두 델타포스 대원의 희생으로 하여금 향후 미국의 파병과 외교 전략은 커다란 전환점을 맞이하게 된다는 사실은 또한 주목할 만하다. 왜냐하면 그 구조에서의 임무 수행 중 사망한 두 델타포스 대원의 시체를 소말리아 민병대가 훼손하고 모독하면서 거리를 질질 끌고 다니는 모습이 전 세계에 방송이 되었기 때문이다. 레인저와 델타포스 대원들은 이 장면을 본 후 불타오르는 분노로 다시 전투에 투입되길 고대했지만 최고 사령관 격인 클린턴 대통령은 소말리아에서 미군의 철수를 명령하게 된다는…. 하지만 이 철수 명령 이전에 추락한 블랙 호크 헬기의 조종사였던 마이클 듀랜트는 민병대에 생포된 상태고 모가디슈 거리에 방치되어 있는 사망한 델타포스와 레인저 대원들의 시신을 수습하기 위한 작전에서 미군은 수많은 헬기를 띄워 생포된 마이클 듀랜트가 듣도록 확성기로 "우리는 대원들을 남기지 않는다. 당신은 아직 혼자가 아니다!"라는 메세지를 며칠 동안 내보낸다. 클린턴 대통령은 본격적인 철수 결정 전 미국 함대를 비롯하여 수십 대의 톰캣 전투기 그리고 장갑차와 군 병력을 소말리아 해안에 결집시키고, 전쟁을 선포하기 직전 소말리아 군벌의 권력자 아이디드는 생포된 마이클 듀랜트를 미국으로 인도하게 된다.

소말리아 모가디슈 전투를 계기로 미국은 분쟁 지역에 미군을 보내는 것에 더욱 조심스럽고 신중해졌지만 레인저와 델타포스 사이에서 동료 대원들의 죽음과 시신에 대한 모욕적이고 참혹한 처리를 목격한 후 그 쓰라린 철수 결정에 격노하게 된다. 결국 이럴려면 왜 그 무모하고도 위험한 모가디슈 작전을 진행시켰느냐, 이왕 시작한 거 끝을 봐야 하는 건 아닌가라는 불만과 지탄에 콜린 파월 장군조차도 부하 대원들의 분노를 이해하며 행정부의 결정에 씁쓸함을 가졌다고 한다. 그 쓰라리고도 뭉클한 모가디슈 작전의 트라우마 때문인지 몇 년이 지난 후 미국은 완전히 소말리아와 외교적 관계까지 정리하게 된다. 그럼에도 불구하고 무엇보다 소말리아 모가디슈 전투는 미군의 분쟁 지역 전투 역사에 있어 여러모로 괄목할 만한 인상과 교훈을 남겼다 할 수 있다. 레인저와 델타포스 대원들의 독보적 수준의 용맹함과 그들만의 끈끈한 전우애, 그리고 특유의 끈기와 인내를 바탕으로 한 서로에 대한 희생정신은 그간 미국이 참전에 임하는 군인으로서의 사명 의식을 얼마나 잘 고취시켜 왔고 미국의 전력을 상징할 만한 일련의 특수 부대를 얼마나 잘 관리하고 스스로 자부심을 갖도록 격려해 왔는가를 보여 주는 것은 아닌가. 마지막으로 미국의 참전 군인 전우회와 특수 부대 전우회에서도 어려운 상황에 있는 동료에게 도움의 손길을 내놓거나 전사한 동료의 자식들을 위해 어려움을 겪지 않도록 교육의 기회를 제공하며 재정적으로 도와주는 일들이 여전히 활발히 진행되고 있다는 사실은 여러모로 시사하는 바가 적지 않다고 할 수 있다. 이는 왜 군인이나 참전 베테랑들이 스스로 자부심을 가지고 있으며 미국 사회에서 존경의 시선을 받고 있는가를 보여 주는 부분들은 아닐까 한다.

11

　　　　　　　　　　인성과 품성을 논하는 데 있어 학자들마다 의견이 나누어지는 부분이 있는데 이는 생득적으로 타고나는 것인가와 후천적으로 변할 수 있는가에 대한 것은 아닌가 생각한다. 생득적으로 타고난다는 이론이 있지만 나는 전문가가 아닌지라 이에 대해 구체적으로 서술할 지식은 없다. 그렇다면 과연 사람의 인성과 품성은 후천적으로 바뀔 수 있는가에 관한 문항에 있어, 개인적인 견지로는 태어나면서부터 자연스럽게 교활하고 꾀를 부리는 방향으로 가는 인성이 있는가 하면 천성적으로 도량이 넓고 단정한 인품으로 죄를 짓거나 남에게 해악을 끼치는 것에 거부감을 가지는 인성은 있다고 생각하는 부분이 있다. 어린 시절부터, 좋게 말하자면 세상 물정에 눈이 일찍 트인다거나 하여 잔꾀가 발달한 부류의 인간들은 성장한 후 대체로 깊이가 있는 큰 그릇의 인물이 되지 못하는 경향이 있는 건 아닌가 한다. 반면에 답답해 보이더라도 나름 옳고 그름을 가리며 시간이 걸릴지라도 실패와 패배로부터의 수모와 모욕을 굳건히 이겨 내고 헤쳐 온 사람만이 도의적이며 도전적인 삶의 이해를 갖게 되는 것은 아닌가 생각한다. 연속되는 실패와 시련을 감내하며 이를 극복하고자 꾸준히 직진함으로써 결국엔 어느 정도의 궤도에 오르게 되는 자들만이 때로는 사람들에게 가차 없더라도 세상을 헤아리며 관조할 수 있는 커다란 그릇의 인물이 될 수 있지는 않나 한편으로 생각하고 있기도 하다.

예수가 말한 "네 시작은 미약하나 끝은 창대하리라."라는 문구는 어쩌면 인류 문명의 바탕이 되어 온 예술과 사상, 과학의 발전에도 적용될 수 있겠지만 본질적으로 인간에게 적용되는 삶의 이치이자 자연의 섭리를 함축적으로 표현한 말은 아닌가…. 태어난 환경이 불우하거나 열악한 조건에서도 꾸준한 인내로 한 걸음씩 디뎌 나가다 보면 그 목적과 방향이 무엇이던 끝내 성취로 이르게 되고 이런 과정에서 사람의 성품을 결정짓는 정신의 깊이와 마음의 크기는 남들과 구별되는 모습으로 변화하는 건 아닐까. 깊이가 있고 넓음이 있으면 그만큼 노력으로 개척이 있어 왔다는 의미이고 그러한 개척의 과정에서 성취와 달성은 어쩌면 부가적으로 주어지는 것일 수도 있지 않을까.

12

⟨F.T.W⟩라는 제목의 소시민적이며 미국적인 사랑 이야기라고 간주되는, 대중의 시선에서 스쳐 지나간 영화가 있다. 미키 루크라는 배우가 등장하는, 광활한 몬태나의 초원을 배경으로 한 1996년에 잠시 개봉된 현대판 카우보이 영화라 말할 수 있다…. 한국엔 많이 알려져 있지는 않지만 우연치 않게 보게 된 후로는 이십 년이 지난 시점에서도 그 영화의 배경이 되는 이미지와 배우의 인상적인 표정들이 간혹 떠오르곤 한다. 미키 루크라는 배우에 대해 잠시 말하자면, 그는 어렸을 때 복싱 시합에서 굴욕적인 패배를 경험한 후 복싱을 떠나 연기 인생을 새로 시작하면서 미국을 대표하는 섹시 아이콘의 배우로 등극하는데 복

싱으로부터의 트라우마가 남았는지 다시 복싱을 하겠다며 느닷없이 배우 생활을 중간에 접은 이력이 있다. 비록 2부 리그지만 프로 복서로의 생활을 하면서 중간에 잠시 시간을 내어 찍은 영화로 알려져 있는데 그가 직접 각본을 쓰고 연기를 하였다는 사실 때문인지 영화 속에서 보여지는 남다른 공감과 감정 이입을 자극하는 연기는 보는 이로 하여금 몬태나의 초원을 배경으로 하여 나름의 독특한 여운과 운치를 느낄 수 있으리라 생각하는 부분이 있다.

고즈넉하면서 애수 어린 서정성을 불러일으키는 드넓은 황야와도 같은 몬태나의 초원을 배경으로 미키 루크라는 배우의 개인적인 마음의 상처와 고독감, 그리고 험한 세상의 시련에 지친 듯하면서 강단 있는 남자의 깊이 있는 정서가 녹아내린 한 인간으로서의 영혼이 느껴지는 그러한 영화가 아닌가 한다. 아쉽게도 눈에 띄는 액션이나 열정적인 로맨스의 감동은 이 영화에서 찾아보기는 어려울 듯하다. 다만 거친 황야에서 로데오로 삶을 이어 가는, 고독하면서 시련에 지친 듯하나 살아 있는 강단의 현대판 카우보이 캐릭터가 요즈음 미디어에 유행처럼 등장하는 배우들의 모습과 사뭇 구별되고 한편으로는 여러모로 우리가 한동안 무감각해져 왔던 클래식한 터프가이의 이미지와 인상을 영화를 통해 잠시 엿볼 수 있지는 않나 싶다.

영화에서 경찰의 추격을 받는 미키 루크의 여자 친구인 로리 싱어가 "날 위해 경찰을 죽여 줄 수 있어?"라고 묻자 미키 루크는 주저 없이 굳은 표정으로 "If I have to. 해야만 한다면 경찰을 죽일 수 있다."라고 대답한다. 다행히도 경찰을 죽이는 일은 일어나지 않지만 은행 강도를 저질러 경찰의 추격을 받고 있는 여자 친구는 미키 루크와 함께할 때 소녀처럼 천진난만하지만 슬픈 결말을 예감하는 듯 그녀의 눈빛은 때로 불안하고 우수에 차있다. 한 번도 제대로 사랑을 받지 못해 온 상처와 아픔으로 얼룩진 여자 친구를 향한 한 남자의 순수한 애정과 희생이 그림같이 펼쳐지는 광활한 몬태나의 초원에서 여운이 감도는 컨츄리송과 함께 이어지며 여자 친구가 경찰의 총격으로 비록 슬픈 결말로 영화는 끝나지만 배우들의 미묘하면서도 절제된 세심한 감성 연기는 평범한 소시민의 미국적 로맨스에 짙은 운치를 더해 주고 있는 듯하다. 두 상처받은 영혼들의 소박한 낭만과 사랑, 그리고 안타깝지만 죽음으로 이어지는 비극적 결말은 그럼에도 불구하고 광활하고 고즈넉한 몬태나의 짙푸른 초원 위에서 한 편의 시가 되고 애수가 서려 있는 수채화 같은 느낌을 선사하고 있다.

  연속되는 고통과 시련으로 삶에 있어 사랑을 받아 보지 못한 감춰진 매력의 한 여자와, 긴 시간의 고독과 나름의 상처로 인연을 만나 결혼을 꿈꿔 오지 않은 강단 있는 한 남자와의 짧지만 여운 있는 낭만과 사랑은 아무래도 요즈음에 유행하는 방식의 드라마적 주제와는 사뭇 거리가 있고 이질적일 수는 있으나 오랫동안 잊혀진 듯한 해묵은 감성을 자극하기엔 부족함이 없을 듯하다. 경찰의 총격으로 죽음을 마주하게 된 사랑하는 여자를 무릎으로 끌어안고 그녀가 눈을 감기 전 남자는 짧고 나지막한 목소리로 청혼을 한다. 그녀는 힘이 없는 목소리로 "Yes….".를 대답하고, 잠시나마의 애틋한 순간을 뒤로하고 곧 남자도 그를 쫓는 경찰의 총격에 죽음을 맞이하게 된다는…. 평생을 그와 함께한 말 위에서, 그리고 드넓은 몬태나의 초원 위에서….

이 〈F.T.W(Frank T. Well)〉란 영화는 어쩌면 보기에는 고루하면서 따분한 영화일수도 있다. 몬태나라는 시골 같은 분위기의 외곽을 배경으로 하고 화려한 액션이나 자극적인 애정을 보여 주는 장면도 찾기 어렵다. 배우들의 표정은 미소로 밝을 때도 있지만 다소 지친 듯하면서 그들의 눈은 때로 젖어 있기도 하다. 하지만 영화 속에서의 자연스럽게 우러나오는 인간적 무르익음이 느껴지는 배우들의 연기와 더불어 공감을 자극하는 꾸밈없는 눈빛과 순간순간의 자연스러운 인상으로부터 어쩌면 스토리와 그래픽으로부터의 힘과 효과가 없을지라도 감상의 차원에서 볼 만한 영화는 아닌가 개인적으로 생각하고 있다.

13

　　　　　　　　　　　　전쟁의 참상은 겪지 못했지만 전투 보병으로서 한여름의 작열하는 태양 아래 그리고 맹렬한 추위 속에 야산에서 매복하며 판초 우의를 담요 삼아 새벽의 이슬을 뜬눈으로 맞이했던 짧지만 나름 추억으로 회상할 만한 그런 군 생활의 기억들이 떠오를 때가 있다. 평상시에는 결코 떠오르는 기억은 아니지만 간혹 전쟁을 다루는 다큐멘터리를 통해 전장에 대한 묘사나 참전 베테랑들의 전투에 관한 인터뷰를 보노라면 비록 엉성하고 유치하며 부끄럽지만 예전의 그 참호 속에서의 지루함과 짜증스러웠던 기억들이 상기되곤 하는 것이다. 하지만 이런 경험들과 시간들이 있었다고 하여 참전 베테랑들이 겪은 실제 전투와 전쟁의 참혹함에 대해 나는 무언가를 공감할 수 있다고 말하는 건 주저하고 싶다. 전쟁의 역사를 조명하는 일련의 다큐멘터리를 통해 본 세계 대전이나 한국전 그리고 베트남전에서 살아남은 노병 베테랑들의 인터뷰를 보면 살상과 죽음을 마주하여 고군분투하듯 그 뇌가 마비될 것만 같은 공포와 두려움을 극복하려 하는 절박하고 비장한 각오의 눈빛들이 전쟁이 끝난 후 수십 년이 지났음에도 그들의 노쇠하여 주름진 얼굴에서 여전히 강렬하게 살아 있음을 보곤 한다.

  육체는 노쇠해져 메마른 체구에 얼굴도 주름으로 가득하여 연약하고 가냘픈 노병임에도 여전히 그 잔인한 전투로부터의 공포를 이겨 내려는 듯한 눈빛들만큼은 어느 건강하고 혈기 있는 젊은 이들보다 치열하게 두드러진다는 말이다. 그럼에도 불구하고 전우 Brothers in Arms에 관한 이야기가 나오면 그들의 눈가는 뜨거워져 어느새 소년처럼 눈물을 흘리는 것이다. 이역만리 먼 곳의 생전 이름도 들어 본 적이 없는 외딴 나라에 전쟁이 일어났기에 어린 나이에 그저 이 못사는 나라를 도와주겠다거나 이 땅에 민주주의 깃발을 꽂게 해 주겠다는 순수한 마음으로 그 지독한 전쟁에 그 수많은 젊은 장병들은 기꺼이 몸을 던진 것이고, 그들의 선혈이 아직도 이 땅엔 얼룩으로 남아 있는 건 아닌가. 죽음을 마주하여 엄마를 부르고 형제를 부르며 전우를 찾았던 참전 장병들의 그 외로운 외침들이 이 땅에서 사라졌다고 생각하지 않는다. 한국전에서 전우를 잃고 형제를 잃었던 다큐멘터리 속에서의 한 흑인 노병의 정체 모를 우수와, 아련하면서도 지우기 어려운 그 향수에 대한 회상의 읊조림에 그저 바라보며 무거운 침묵으로 고개가 숙여지는 바이다.

14

정치라는 것은 최대한에 다수의 안녕과 공익의 실현을 위해 그 기능의 의미와 목적이 있는 게 아닌가 한다. 안타깝게도 어떤 정책이던 현실에서는 항시 부작용은 있기 마련이고 그 부작용 때문에 갈등은 발생하며 그럼으로써 사회는 하루도 조용할 날이 없다. 새삼스럽게 우리가 지향하거나 숙고해야 할 정치의 의미와 목적을 다시 되새겨 보자는 것은 아니다. 인간은 자신의 행복과 안위를 위해 땀을 흘리고 간절하게 무언가를 이루려 하는 각자의 욕구와 의지가 있다. 이런 제각각의 욕구와 의지가 적정선에서 효율적으로 중재되고 조율되어 모두에게 공평하게 적용됨으로써 커다란 불협화음 없는 안정된 사회를 만들고자 한다면 일련의 정책과 시스템의 점검에 있어 많은 고민과 검토는 필연적일 것이다.

그렇다면 이와는 별도로 우리는 '인간'에 대해 다시 한번 생각해 보고 가는 건 어떨까. 인간은 이기적이면서도 동정이란 것을 느끼고, 배타적이면서도 사랑이란 것을 품는 복잡하고 미묘한 모순적인 존재란 것을 인정하면서 출발해 보자. 우리가 갈구하는 형식의 사회의 발전과 문명의 진보는 어쩌면 인간의 고뇌와 함께 부역과도 같은 삶의 무게를 최소화하는 방향으로 가야 한다고 믿고 있다. 인간이 가지는 삶의 무게는 한편으로는 힘과 능력에서의 우열로 인한 다툼과 갈등에서 비롯되는 건 아닌가? 인간은 스스로를 만물의 영장이라 부르기도 한다. 아마도 눈앞의 길 저 너머에 있는 또 다른 길을 응시할 수 있는 지혜와 현명함이 있기에 어떤 의미에서 인간은 만물의 영장은 아닌가…. 인간은 남다른 고유의 의지가 있기에 힘에 대한 갈망이 있고 그래서 권력에 대한 동경은 생겨난다고 생각 한다. 힘과 권력에 대한 생리와 논리를 인지하기에 인간은 무리에서 두드러지며 우뚝 서기 위해 그토록 고투하며 발버둥 치는가. 아니면 올바르게 쓰여지는 힘과 권력 그리고 권위를 알기에 인간은 유별나고 특출난 존재로 스스로를 생각하는가…? 만약 우리는 올바르게 쓰여지는 힘과 권력 그리고 권위를 알기에 스스로를 만물의 영장이라 생각한다면, 우리가 그려 내고 싶어 하는 앞으로의 길에 대한 해답과 실마리의 탐구는 이런 관점에서의 고민부터 시작해야 하지 않을까. 인간은 모든 것을 누리기에 만물의 영장이 아니라, 모든 것을 헤아리기에 만물의 영장은 아닌가.

15

　　　　　　　　　　　　미국의 역사는 거의 전쟁으로 점철된 역사라 해도 과언은 아닌가 한다. 주권을 찾기 위해 시작한 독립 전쟁에서부터 미국의 도덕적 가치를 재확립하며 현재에 이르는 연방을 구축하게 한 남북 전쟁, 자유민주주의의 수호를 위해 뛰어든 세계 대전, 오늘날의 한국을 가능하게 한 한국전, 그리고 자유와 인권의 확장을 위해 고군분투한 베트남전을 포함한 이라크전과 아프칸전 등을 통해 오늘날의 문명의 흐름과 방향에 있어 미국이라는 나라는 여러모로 비난과 비판을 함께했지만 어떤 부분에서 그들만의 적잖은 희생으로 우리가 가야 할 길에 대해 일종의 교훈과 참고를 제시하는 데 나름 기여를 해 왔다는 사실은 부인하기 어렵다. 이러한 일련의 전쟁과 관련하여 미국의 정치와 경제, 그리고 그 이면에 펼쳐진 캠페인과 기획 또는 음모를 논하려는 것은 아니다. 내가 말하고자 하는 것은 세계 곳곳에 일어나는 이런저런 분쟁에 있어 미군의 참여와 문명사적으로 주목할 만한 여러 전쟁을 겪으며 미국이 나름대로 발달한 정서나 특유의 문화가 있다고 생각하는데 이는 'Band Of Brothers', 'Brothers In Arms'으로 표현되는 전우애, 동료애와 같은 일종의 사회적, 공동체적 유대감에 대한 것이다. 이러한 미국적 유대감은 한국의 애매하며 설명하기 쉽지 않은 '정'이라는 문화와 정서와는 구별이 되는 그들만의 어떤 공통되며 교집합적인 경험과 유산에서 비롯된 교감과 이해에서 생긴, 보다 심원한 동정과 연민의 정서에 그 뿌리를 두는 건 아닐까 한다.

잠시 비교하자면, 한국에서의 흔히 익숙한 형이나 아우, 선배와 후배, 그리고 고향이 같은 사람들 간의 피상적이며 형식적으로 국한된 우애와 정분에서 비롯한 다소 억지식의 불편한 유대감이 아닌, 전쟁과 고난을 같이 겪고 극복하는 과정에서 조금씩 쌓이고 피어난 동병상련의 정서적 유대감이 한국의 그것과는 다소 차이가 있다고 생각한다. 미국의 이런 특유의 사회적, 공동체적 유대감은 수백 년에 걸쳐 온 시련과 고난의 시간을 함께 헤쳐 오며 차츰차츰 미국 사회의 곳곳에 스며들어 서로를 끌어당겨 주고 끌어올려 주는…. 그래서 한국의 '정'의 문화와 정서와는 느낌이 다른 그들만의 독특한 문화와 정서로 차분히 그들의 사회에 뿌리내려 온 건 아닌가 한다.

한국 전쟁이 발발하고 미국은 어디에 있는지도 모르는 한국에 파병을 가야 할 것인가를 고민할 때, 빌리 그레이엄 목사는 워싱턴의 의회에서 한국에서 성장하는 기독교와 신앙인들에 대한 호소로 미국의 참전을 결정하는 데 크게 기여했다는 사실은 한국의 '정'의 문화와 정서와는 확연히 구분되는, 그들만의 시련으로 점철된 역사를 통해 깨달은 인류애적 혹은 인본적 유대감이 이미 미국인들의 의식과 가치관에 투영되어 온 건 아닌가. 미국의 수많은 전쟁의 기억과 역사에서 아픔과 상처를 서로 어루만져 주며 극복의 과정을 통해 형성한 전우애적 동질감 혹은 동병상련의 인본적 유대감은 미국 특유의 자유와 자애의 가치관을 바탕으로 더욱 강하고 굳건한 대륙의 나라로 성장하는데 의미 있는 밑거름이 되어 온 건 아닌가 한다.

16

나이가 들면서 크리스마스에 대한 향수도 점점 희미해져 가고, 아쉽게도 크리스마스 선물에 대한 의미도 가벼워지며, 크리스마스 캐럴의 울림도 서서히 거리에서 사라지는 듯하다. 그래서 크리스마스는 어느덧 평범한 공휴일 중에 한 날이 되어 왔고, 그래도 아쉬움이 있는지 크리스마스 시즌 중에는 간혹 예수란 인물에 대해 곰곰이 이런저런 생각을 해 볼 때가 있다. 개인적으로 특정 종교를 믿는 것은 아니고 종교 자체에 대해서는 거부감은 없으나 종교에 대한 강한 신념이나 심취 그리고 열렬한 종교적 활동에 대해서는 다소 팔짱을 끼고 보는 자세를 가지고 있기는 하다.

그럼에도 불구하고 예수란 인물에 대해선 이런저런 매체나 간단한 책을 통해 생각을 해 보게 되는 경우가 있는데, 종교적이고 신학적인 관점에서 나는 아는 바가 없기에 말을 할 수는 없고. "예수란 인간(?)이 왜 스스로 죽음을 자초했는가?"는 나에겐 아직 의문이고 일종의 미궁 속의 난제이기도 한 느낌을 가지고 있다. 굳이 성경을 거론하지 않더라도 인간의 역사에 있어 혹시 유다는 배신의 상징은 아닌가 하는. 그리하여 배신자의 말로는 유다의 자살처럼 비극적일 수 있다는 생각을 해 보기도 한다. 예수는 유다가 자신을 배신하리란 것을 알았음에도 그에게 심부름을 시키고 유다는 예수가 체포되도록 은화 몇 푼에 예수의 신뢰를 저버리게 된다는…. 이러한 미묘하게 복잡하면서도 심원한 배경과 결과로 인해 예수가 십자가에서의 못 박혀 죽음이 기독교라는 종교가 탄생되는 기원이 된 건 아닌가 조심스레 생각해 본다. 다르게 생각해 보면 '유다'라는 배신과 배반의 아이콘으로 인해 아이러니하게도 기독교가 탄생되는 근저가 될 수 있었다는 다소 무리한 생각을 해 보기도 한다.

나는 신앙인이라 고백할 수 없는 사람이기에 나름 이러한 생각을 혼자 해 본다는 것에 한편으로는 양해를 구하는 바이다. 예수가 사람의 아들인지, 아니면 신의 아들인지는 누구도 대답하기 어렵다라는 이슈를 전제로 하고, 만약 예수가 사람의 아들이라면 그는 막강한 권력과 기득권에 무모하게 혹은 두려움 없이 대항한 '만용' 혹은

'기개'로 점철된 자요, 신의 아들이라면 인간을 동정과 연민으로의 가여운 존재로 여긴 차원 높은 영적 능력의 실체Entity는 아니었나, 라는…. 다소 과감한 생각을 해 본다. 여하튼 예수는 인간의 죄를 대신하여 그 나름의 메시지와 교훈을 남기며 희생을 하셨다 하는데, 과연 인간이란 존재는 이를 진정으로 깊이 있게 인식할 만한 정신의 알맹이가 무르익었는가라는…. 더욱 과감한 생각을 해 보곤 한다. 그의 죽음은 무모한 듯하여 애석하기도 하지만 한편으로는 그가 이끌고자 하는 인간이 가야 하는 방향을 넌지시 알려 줌과 동시에 그의 십자가에서의 못 박혀 죽음이 인간에게 무엇을 상징하고 어떤 교훈과 의미가 있는가를 종합하는 가르침의 토대가 아직 인간에겐 심오한 건 아닌가…. 다소 터무니없는 생각도 있기도 하다. 어쩌면 성경이라는 책이 있기에 아이러니하게도 인간은 자신의 내면을 들여다보는 것을 더욱 소홀히 하게 되는 건 아닌가. 좀 더 깊이 얘기해 보자면 어쩌면 인간은 성경을 들여다보기에 앞서 내면을 먼저 들여다보는 것이 더욱 유익한 일이며 이런 자세가 종교적인 성숙이든 인격적인 무르익음이든 신앙의 깊이를 더하며 일상의 풍요로움을 더욱 공고히 하는 건 아닌가 생각을 해 본다. 한편으로는 누가 알겠는가. 예수가 십자가에 못 박혀 사형당한 그 시대에서의 사람들과 수천 년이 흐른 지금 시대의 사람들과 내면의 깊이와 교양의 수준이 별반 다르지 않을 수도 있다는 것을. 개인적인 흥미의 관점에서는 예수의 전달하고자 하는 메시지와 가르침이 실현되는 그 시점의 시대는 혹시 수천 년 혹은 수만 년 후의 보다 진화된 인간을 향하고 있는 건 아닌지. 여기서 말하는 '진화'란 생체적 진화라기보다는 '정신적 진화'라는 여운을 남기고 싶다. 어쩌면 우리의 육체는 완성형으로 이미 진화가 된 것일 수도 있지만 '정신의 진화'에서는 그 가는 길의 초입새 단계는 아닐까라는…. 다소 겸허한 생각을 해 보는 건 어떨까….

17

 테니스의 기원에 있어 몇 가지 설이 있지만 일단은 영국에서부터 만들어진 룰과 형태의 틀이 현대까지 이어져 왔으며 대중화와 함께 몇 가지 규정과 제도가 더해져 현재의 테니스가 완성되었다는 이야기가 있다. 새삼스럽게 테니스의 역사와 기원에 대해 이야기를 하려는 건 아니고, 나의 지금까지의 삶에 있어 테니스는 소중하고 의미 있는 운동이기에 나름 몇 마디 소감의 형태로 글로 적어 놓고 싶어 어찌 보면 지극히 개인적인 부분을 들쳐 보여 주는 셈이다. 왜 테니스를 시작하게 되었는가에 있어 결정적 동기는 없으나 한때 심취했던 축구 같은 팀플레이에 식상해져 나 혼자만의 노력과 땀으로 승리와 성취를 맛보고 싶은 갈망에서부터 시작하지 않았나 생각되기도 한다. 기억을 돌이켜 보자면 딱히 인정받기를 원한 건 아니었지만 축구장에서 내가 쏟은 열정과 땀이 제대로 평가받지 못한 나름의 불만족에서 기인한 건 아닌가 하는 생각도 한편으로는 있기도 하다. 하여튼 이러한 이유로 시작하게 된 테니스란 운동은 내가 기대한 거와는 거리가 멀게 상당한 좌절감을 안겨 주는 것에서부터 시작했다는⋯. 그립부터 시작하여 각기 다른 스윙의 궤도, 스텝의 움직임, 스핀과 임팩트를 어떤 방법으로 구사할 것인가, 힘과 스피드에 의존하기보다는 어떠한 물리적 혹은 수학적 법칙의 적용은 있는가, 그리고 볼과 라켓의 어느 면적을 치는가에 대한 숙제와 나름의 연구는 부끄러운 얘기지만 얼추 이십 년은 걸리지 않았을까 생각하고 있다. 어릴 적부터 엘리트 교육을 받은 것도 아니고, 여기서 혹은 저기서 굴욕과 패배의 쓴맛을 겪으며 어쩌면 과장이지만 흘린 땀보다 눈물이 더 많았던 건 아닌가 하는 씁쓸한 기억을 고백하는 것이 더 마음이 편하다라⋯. 생각하는 부분이 크다. 미국에 있을 때 대학 캠퍼스의 새벽 시간의 텅 빈 테니스장에서 홀로 씨름을 하고 여전히 미궁 속에서 헤매는 느낌으로 밤하늘의 별을 보며 집으로 귀가하는 기억이 많긴 하지만, 지금 생각해 보면 모두가 과정이었던 건 아닐까 한다는⋯. 여가로 시작한 테니스란 운동이 말이 재미고 열정이지 어느 시점부터는 오로지 패배감으로부터 벗어나기 위해 그토록 애를 쓴 건 아니었나 하는⋯.

테니스에 있어 성취와 성공을 이야기하려는 건 아니다. 좌절로 시작한 테니스가 나에게 부딪힘에 대한, 극복에 대한, 열정에 대한, 그리고 훈육 혹은 근로 윤리와 연관하여 나름의 가치관을 배양해 주지 않았나가 내가 얘기하고 싶은 부분이리라. 시간은 흘러 격정적이며 역동적인 테니스를 경험하면서 '어느 시점에서 이 테니스라는 운동이 스포츠의 틀을 벗어나 일종의 예술도 될 수 있구나.'라는 생각이 들 때까지…. 나는 어느덧 마흔의 나이를 넘기며 결혼과 연애는 서서히 나의 삶에서 멀어져 갔다는…. 그렇다고 직업적으로 테니스를 삶의 한 부분에 끼워 맞춘 것도 아니고, 세월의 무상함에 '참으로 한심한 인생일수도 있겠구나….'라는 회의와 의심을 떨쳐 내기가 어려웠던 시간들도 있지 않았나 생각된다.

그 숱한 실패와 좌절로 인한 고개 숙임을 뒤로하고, 이제는 테니스에 있어 성취했다라기보다는 '내가 테니스에 신세를 졌다….'라는 생각이 들곤 한다. 테니스란 운동을 만든 인물들과 이 테니스가 세계적인 대중 스포츠로 발달하게 한 영국에 대해 깊은 감사와 찬사를 표현하고 싶음이 나의 솔직한 심정이다. 지금까지의 삶에 있어 내가 놓치고 아쉬워하는 부분이 결코 적지 않지만, 그 숱한 홀로인 시간 동안 나를 지탱해 준 테니스에 감사하고 싶고 '적잖게 신세를 졌다….' 생각하는 것은 내가 가진 진실 중에 하나임은 분명하다. 여러 많은 훌륭한 운동들이 있지만 테니스가 유독 나에게 의미 있는 이유는 나에게 또 다른 의지가 있었다는 거, 또 다른 탐구적 자세가 있었다는 거, 그리고 마지막으로 무엇이든 깊게 파고 알수록 말이 무거워지는 겸허함과 더불어 예술이란 건 특별히 따로 종류를 분류해 놓은 건 아닐 수도 있다는 생각과 마음가짐을 갖게 된 것에 있지 않나 싶다.

성취와 승리를 위해 테니스란 운동을 하는 것보다는 내가 내 스스로를 어떻게 관리해 오고 있는가를 파악하며 하루하루 생겨나는 잔가지를 쳐 나간다는 자세로 살아옴이 때론 병과도 같은 고적함과 허튼 생각의 유혹에 나름 큰 약과 에너지가 되어 온 건 아닌가 하는 생각을 해 본다. 때론 극심한 좌절감과 절망으로 '하필이면 왜 이 운동을 시작했을까.' 하는 저주와도 같은 느낌의 테니스가 어느 시점부터는 감사를 표현하고 신세를 갚아야만 한다는 때가 왔다는 사실에, 인생이란 꾸준히 투입되는 땀과 노력으로 인해 변화의 파동은 시작되고 시간이 지나 어느 순간에 자신의 내면을 들여다볼 때 단단한 알맹이가 느껴진다면 그것이야말로 진정한 의미로의 성취와 성공이 아닐까, 라는 생각을 해 본다.

18

　　　　　　　　　　　인간은 아이러니하게도 쉽고 편히 살려 하는 마음가짐부터에서 불행이 시작되는 건 아닌가 한다. 개인적으로도 지난 세월을 돌이켜 보면 즐거움과 재미, 그리고 편안함으로 하루의 일상을 기대하거나 이런 일상에 익숙해졌을 때 나의 성장 동력은 약해져 가며 점차 내리막길을 타게 되었던 건 아닌가 회상이 된다. 오히려 흥미롭게도 삶의 어느 시점부터 인생은 고난이고 수련이며 현세는 지옥과 별반 다를 바 없다, 라는 생각이 굳힌 후로 흥미롭게도 조금씩 나아지고자 하는 마음으로 소소하지만 때로 보람이란 것을 느끼게 되지 않았나 생각하고 있기도 하다. 그렇다고 언제까지나 무거운 마음으로 살 수는 없는 노릇이고. 하도

주위의 사람들이 '행복'에 대해서 이런저런 말들을 많이 하기에 딱히 안다고 할 수는 없지만 이에 대해 적어도 고민은 해 보았다고 말할 수는 있다. 나에게 행복이란 것은 흥미롭게도 곳곳에 숨어 있는 그런 소중한 것들인데, 마치 숨은 보물찾기 같은 것은 아닐까. 숨은 보물을 찾으려면 가만히 있으면 쓰겠나. 부지런히 땀 흘리며 찾아다녀야지…. 그런데 이렇게 행복에 대해 고민하다가 한편으로 '우리는 왜 평화란 것에 대해서는 말을 아끼고 큰 의미를 부여하지 않아 왔나.'라는 생각을 하게 됐다는…. 행복을 논하고 갈망하기 이전에 평화가 우선일 수 있다는 생각은 못 하는가. 평화의 바탕에서 행복은 따라오지 않을까. 평화는 영속적 개념이 적용될 수 있으나 행복까지 그렇게 되기를 바라며 너무 무리하게 꿈꾸는 것도 때로는 자칫 불행을 자초하는 것은 아닐까.

개인적 견지에서 인간은 꾸준히 나아가는 직진의 움직임 속에서 보람과 감사, 교훈과 가치를 느끼도록 만들어진 존재는 아닌가. 싫으나 좋으나 이를 겸허히 받아들일 때 삶의 변화와 진전은 생겨난다고 생각하고 있다. 우리가 의식하고 있지는 못하나 행복이란 우리의 일상으로부터의 보람과 감사, 그리고 교훈과 가치에 대한 인식의 과정에서 생겨나는 것인지도 모르는데. 혹시 바쁜 움직임 속에서 우리는 이를 간과하거나 눈치 채지 못하고 때로는 그냥 흘려버리는 건 아닌가. 잘은 모르지만 대부분의 사람들에게 삶이란 그렇게 다르지 않을 것이라는 생각을 해 보곤 한다. 누구나 불행하다고 할 수 있고, 누구나 아픔이 있다고 할 수 있으며, 누구나 눈물이 있는 것은 아닌가. 혹시 나만 그런 거 아니냐며 타인을 시기와 질투로 바라보며 자신을 저주할 때, 그나마 남아 있던 활기, 에너지, 운도 사라질 수 있는 건 아닌가 생각해 보자. 누구나에게 시련이며 고난과도 같은 삶. 주의의 그 누구로부터도 의지가 되지 않거나 위로를 찾을 수 없을 때…. 그래도 종교만이라도 의지와 위로가 될 수 있다면 굳이 깊이 심취하거나 파고들 필요도 없을 것이라 생각하고 있다. 둘러보면 우리네 주의에서 흔히 볼 수 있는 문구가 있지 않나. "네 시작은 미약하나 끝은 창대하리라.", "뿌린 대로 거두리라." 이 두 가지만 명심하고 가슴에 새겨도 지나친 과장처럼 들릴 수도 있겠지만 종교란 것은 어쩌면 반 이상 먹고 들어가는 건 아닌가?

19

과연 세상에 무엇이든 간에 처음부터 잘하는 사람이 있을까. 만약 그런 사람이 있다, 라면 나는 그다지 기대 안 해도 좋다고 말하고 싶다. 예수의 "네 시작은 미약하나 끝은 창대하리라."라는 말의 의미는 무엇이든 처음에는 헤매기도 하고 힘이 들며 고난과도 같은 과정을 겪어야시 그 열매도 달고 크다라는 것을 의미하는 건 아닐까 생각하고 있다. 처음부터 순조롭고 원만하게 잘 해 나가게 되면 자칫하면 자아의 팽창으로 인간성의 변질을 야기시키고 자만심은 자만심대로 생기게 되어 오히려 엉뚱한 방향으로 가게 되는 건 아닌가, 라는 생각이 든다. 그래서 정작 중요한 것을 소홀히 하여 흘려보내게 되는 건 아닐까 하는데….

무엇보다 말하고 싶은 것은 '기본에 대한 중대성과 유의미한 교훈을 간과할 수도 있지 않을까'라는 생각이다. 운동에 있어서는 태도와 메커니즘, 전투에 있어서 훈련과 작전, 경제에 있어 근간이 되는 산업과 기술, 그리고 정치에 있어서는 원칙과 약속. 어쩌면 이들 모두는 튼튼한 기본을 바탕으로 시작하며 기본을 중요시하는 마음가짐에서 하나하나 근간을 이루는 알맹이가 굳어짐으로써 이루어지게 되는 건 아닐까 생각하고 있다.

 무언가를 제대로 성취한 사람들 가운데 "여러 과정을 거쳤다."라는 고백을 하는 사람들이 있다. 이해할 수 있는 사람만 이해할 수 있는 그런 말이 아닐까 하는데. 이는 서술하기 어려운 수많은 시련과 실수, 오류를 겪으며 그 과정에서 이에 대한 정비와 수정이 수없이 되풀이되어 왔다는 이야기는 아닌가. 잘되는 것에 대한 메커니즘의 이해도 중요하지만 잘 안되는 것에 대한 메커니즘의 이해와 연구도 튼튼한 기본과 바탕을 이루는 데 중요한 토양이 된다고 생각하고 있다. 실수와 실패에 대해 다소 냉소적인 한국의 문화와 사회적 편견에서 반만년 유구한 역사를 자랑하고 있음에도 지금껏 우리 스스로 무엇 하나 제대로 이룬 것이 있는가를 상기하며 되뇌어 보자. 억지스럽게 몇 가지 궁리하며 생각해 내기보다 과연 도전과 모험, 혁신의 배움에 있어 한민족은 어떠한 존재여 왔나를 고민하고 자성해 보는 건 어떨까. 우리는 아직도 실수와 실패에 대해 좌절하는 노력하는 자들을 냉소적으로 바라보고 있는가. 그리고 그 실수와 실패를 딛고 일어나 성취와 성공을 이룬 자들을 존중과 경의로 대우하고 제대로 평가하는가. 가만히 가슴에 손을 얹고 생각해 보는 건 어떨까.

처음부터 잘되는 건, 그리고 처음부터 잘하는 사람은 이 세상에 존재하기 어려울뿐더러 처음에 하는 무엇이든 간에 실패와 좌절은 필연적 과정이라는 것을 겸허히 인식하자. 이 쓰라린 필연적 과정이 의미 있고 단단한 기본과 알맹이를 만드는 주된 배경임을 인식하는 차원에서 한편으로는 한국인 혹은 한민족의 점잖은 체, 똑똑한 체, 능력 있는 체, 깨끗한 체, 실패를 모르는 체하는 위선의 습성으로 기본과 알맹이의 형성을 소홀히 해 온 건 아닌가 생각해 보자. 이는 개인의 일상과 삶을 대하는 자세에서부터 시작하고 더 나아가 한국의 정치와 경제, 문화와 과학을 가늠해 볼 때 과연 우리는 기본과 알맹이가 단단히 이루어져 있고 이를 바탕으로 힘들더라도 저 앞으로 묵묵히 직진할 수 있는가를 되뇌어 보자.

20

"인간의 숙명은 무엇인가?"
라는 명제를 고민하는 것은 한편으로는 인간이 가야 할 곳, 다르게 풀어 쓰자면 언제인지는 모르나 인간의 가고자 하는 종착지는 어디인가를 헤아리는 문제는 아닐까 생각한다. 이런 견지에서 인간의 역사는 어디서부터 시작했는지를 한번 살펴보는 건 어떨까. 인간의 서식과 주거의 변모부터 되짚어 본다면 인간은 동굴에서 대지, 그리고 마을과 도시로까지 변천이 있어 왔고, 오늘날에는 심지어 태양계의 다른 행성으로의 이주까지 생각해 오고 있지 않나. 이러한 관점에서 인간과 우주는 뗄레야 뗄 수 없는 그런 관계이고 비로소 우리는 하늘 위의 저 까마득한 우주를 진지한 자세로 바라보게 되는 것은 아닌가. 앞으로의 삶의 전개에서도 인간은 우주를 바라보고 있고. 그럼으로써 인간은 생명의 근원에 관한 물음도 우주에서 실마리를 찾으려 하는 날이 오지 않을까…. 인간이 이런 미래와 가능성을 깊이 인식할 때에 인간은 저 광활하고 끝없는 거대한 우주를 단순히 감탄과 경외로 대하기보다는 인간의 숙명과 연계하여 본격적으로 우주를 응시할 것이라고 생각하고 있다.

삶과 생명에 관한 명제와 함께 인간은 왜 존재하게 되었는가를 사유하는 과정에서 우주의 심오한 신비와 오묘한 수수께끼를 탐구하는 열망으로부터 생명의 기원을 추적하고 탐색하며 인간으로서의 철학적, 그리고 영적 사고의 기틀을 다시 한번 정립하는 시점은 다가올 것이라 믿고 있다. 하지만 이는 우리네 인간 홀로 하기엔 너무나도 벅차고 어려운 일일 수도 있다는 생각을 해 본다. "You are not alone."이라는 말이 있지 않나. 이 말처럼 우리는 홀로가 아니며 저 광활하게 끝없이 펼쳐진 우주 어딘가에 우리의 친구 혹은 동반자가 있을 수 있다는 생각은 해 볼 필요가 있지 않을까. 저 끝이 없을 것 같은 고요하고도 적막한 우주의 공간에서 다른 누군가가 있을 수 있다는 생각이나 상상. 한편으로는 얼마나 다행인가?

어느 시점에 이르러 우리가 그들을 찾기를 염원하고, 그들이 우리와 조우하기를 바라고 있다면. 그 찬란하면서 드라마틱한 접점에서 상상의 경계를 초월하는 새로운 세상과 문명의 시대는 올 수도 있지 않겠냐라는 생각을 해 보면 어떨까. 너무 할리우드 영화로만 상상해서 우리가 그들의 노예가 된다거나, 식량이 될 것이라는 두려움은 갖지 않았으면 한다. 솔직히 뼈 있는 얘기로 들릴 수도 있으나 '인간만큼 비정하고 잔혹한 존재가 또한 어디 있겠느냐.'라는 생각도 해보기도 한다. 혹시 누가 알겠는가. 인간은 무한한 가능성의 선한 의지와 기운을 가진 존재일 수 있다는 것을. 우리네 인간이 아직 발현되지 않은 그 어떤 재능과 능력이 미지로부터의 그들에 의해 발견될 수도 있는 것이고. 어쩌면 그들과의 만남과 조우 자체가 흥분되는 일이 아니라 우리네 인간이 또 다른 숨은 자질과 잠재성의 발굴로 다시 태어나거나 도약한다는 것에 더 큰 열광과 흥분이 있을 수 있지는 않을까.

21

　　　　　　　　　　　　1차 세계 대전이 독일의 패전으로 귀결됨으로써 평화와 희망을 도모하나 독일은 전쟁을 일으킨 대가를 지불하는 방식으로 연합군을 위시하여 베르사유 조약이라는 일종의 평화 협정이 체결된다. 하지만 이 베르사유 조약의 가혹하고도 혹독한 압박적인 명령과도 같은 조항의 준수는 독일로 하여금 다시 2차 세계 대전을 일으킬 수밖에 없는 운명을 낳게 하는 배경이 되었다고 일부 역사가들은 얘기하고 있기도 하다. 이유는 패전국인 독일에게 부과된 빚이 백 년에 가까운 시간 동안 꾸준히 갚아야 할 정도로 막대한 양이었고, 무엇보다 베르사유 조약이 그 시대에 팽배한 과도한 자국 이기주의에 의거해 여러모로 불협화음을 낳게 할 수밖에 없는 편파적이고 공정치 못한 협정이었다는 데에 있다. 이런 내용과 성질의 베르사유 조약은 일본은 일본대로 앙심을 품게 되어 군국주의의 야망을 점화시키고, 이탈리아에서는 파시즘을 제창한 무솔리니의 등장을 야기하며, 독일은 히틀러라는 희대의 잔혹한 전범자를 출현시키는 계기가 되었다고 역사가들은 말하고 있다.

 이미 지나간 과거와 역사에 있어 우리는 배울 거리를 찾는 차원에서 교훈이란 것을 상기하기도 하지만, 이 또한 시간이 지남에 따라 잊혀지거나 그 의미가 희석될 수도 있다는 사실에 인간과 인류의 비극은 되풀이되는 건 아닌가. 그리하여 역사상 가장 참혹하고 무자비하다 할 수 있는 2차 세계 대전은 일어나게 되었고, 유럽에서의 나치와의 전쟁과 태평양에서의 일본의 진주만 폭격으로 미국이란 나라는 본의 아니게 참전하게 되었으며 전쟁을 겪음으로써 미국은 다시 태어나는 계기가 되었다는 역사가들의 해석은 어느 정도 일리가 있다고 생각하고 있다. 2차 세계 대전을 전환점으로, 논란의 여지야 있겠지만 미국은 세계의 경찰 국가로 거듭나게 되었고 그 배경에는 이미 황폐화된 유럽은 재건으로 바빴으며 다시 전쟁을 일으킬지 모르는 일본은 미국으로부터의 통치 아래 있게 되면서 누군가는 정리를 하고, 관찰해야 하며, 관리를 해야 한다는 정치적 생각과 국가적 여론이 그 저변에 있었던 건 아닌가 생각하고 있다. 그럼에도 불구하고 시간은 흘렀어도 아직도 크고 작은 분쟁과 전쟁은 때때로 일어나고 있다. 혹자는 정치적 계략과 외교적 술책 등을 내비치며 은밀하게 자행되는 음모와 책략을 전쟁과 관련하여 언급하기도 하지만, 앞서 말했다시피 인간에겐 역사의 교훈도 시간과 함께 퇴색되기도 하며 무엇보다 서로 다른 조건과 사고방식을 가진 인간의 세상이기에 세상은 하루라도 시끄럽지 않은 날은 없는 거 아니겠는가.

어찌 되었든 간에 자명한 말이지만 전쟁은 일어나지 않으면 좋은 것이다. 하지만 전쟁이 일어난다면 승리를 위해 싸워야 하는 것이고 더욱이 그것이 자유민주적 가치의 향상과 더불어 평화와 번영, 그리고 인류의 문명적 진화가 달려 있는 문제라면 전쟁이란 처절한 비극인 것은 분명하나 그 비극을 마주하여 극복함으로써 나름의 교훈과 의의를 승화시켜야 하는 것이 문명인의 책임과 도리는 아닌가 생각한다. 의심의 여지없이 전쟁이란 영원히 잊을 수 없는 슬픔과 상처, 트라우마로 점철되는 인간이 겪게 되는 최악의 비극인 것은 분명하다. 그러나 인간의 정신과 가치의 성숙으로 공고히 된 문명의 궁극적 진화에 있어 전쟁이란 일종의 성장통과 같은 무르익음으로 이어지는 깨달음과 인식의 태동이자 격변일 수 있는 여지가 있다면 힘에 겨우나 정의가 있는 승리를 위해 헤쳐 나가야만 한다는 것이 인간이 가지는 또 다른 무거운 과업은 아닌가 생각이 든다. 그 통탄과 회환으로 얼룩지는 살상의 비극적 시간 속에서 행여나 인간성의 거듭남이 내포되어 있다면. 전쟁은 또 다른 인간성의 발현을 고취하는 매개나 계기가 될 수 있는 건 아닌지. 그럼에도 불구하고 전쟁이란 일어나선 안 되는 것이기에 인간이 가지는 평화의 개념은 '피'보다는 '땀과 눈물'로서 확고하게 다져지는 그런 것이어야 한다고 생각한다. '피'를 흘려 가며 깨우치는 평화보다는 '땀과 눈물'로서 깨우치고 얻어지는 평화의 개념이 자리 잡기를 바라며 그 평화가 인간이 가고자 하는 길목의 끝자락에 있다 하더라도 진정한 평화가 있으리라는 저 너머의 지평선을 염두하고 응시하며 인내와 지혜로 걸어가야 하지 않을까.

22

　　　　　　　　　　한국의 수많은 미디어와 영화, 그리고 드라마에서는 사랑을 얘기하고 그려 낸다. 이들 대중 매체는 수많은 소재의 사랑을 이야기하지만 내가 보기엔 가장 인간적인 사랑, 그래서 소중하며 가장 지속되는 사랑에 관한 이야기는 그다지 흥미가 없는 듯하다. 조금 더 풀어 말하자면 내가 지금 닌지시 돌려 말한 '부모에 대한 자식의 사랑', 그리고 '자식에 대한 부모의 사랑' 같은 일반적 정서로 이해하거나 접근할 수 있는 그런 사랑에 대한 이야기는 시청자 혹은 독자들의 관심과 흥미를 끄는 데 한계가 있으니 그러할 만하다고 생각한다. 그렇다면 지금 언급된 '부모에 대한 자식의 사랑'과 '자식에 대한 부모의 사랑' 같은 상식적이고 보편적인 사랑과는 별개로, 피가 섞이지 않은 남녀 간의 사랑과 열정을 얘기하는 것이 더욱 흥미와 주목을 끌 수 있으리란 건 두말할 나위가 없다.

 "남녀 간의 사랑이란 무엇이냐?"라는 물음에 그 누구도 먼저 나서서 설명하려 하는 사람은 없을 것이라 생각한다. 만약 그런 사람이 있다면 사기꾼 아니면 표리부동 바람둥이는 아닐까? 그렇다고 사랑에 대한 정의나 개념을 궁리하는 데 있어서 그저 관심 없다는 듯 팔짱을 끼고 가만히 있을 수 있는 노릇도 아니고. 나름의 생각으로 "진정한 사랑은 무엇일까?"란 물음에 대답을 해야 한다면, 그것은 '두려움 없는 사랑'은 아닐까 조심스레 말을 해 본다. 사랑을 위해 운명을 던지며 총알받이가 되거나, 사랑을 위해 위험을 무릅쓰고 화염에 휩싸이는 차량으로 연인을 구하려 드는 거와 같은…. 두려움이 없다는 건, 한편으로는 떳떳하다는 것은 아닐까. 누구의 시선도, 누구의 눈치도 개의치 않고 열정과 생명의 눈빛으로 활활 타오르는 불구덩이에 용기와 기개로 뛰어드는 거와 같은.

 반면에 좀 다른 얘기를 하자면, 불륜은 무엇일까? 떳떳할 수 있을까? 어떠한 두려움 없이, 부끄러움 없이, 운명을 던지며 영혼을 불태울 수 있는가? 솔직히 말하자면 불륜이란 은밀하게 도둑놈처럼 서로의 욕정만을 채우려 하는, 영혼의 몸부림이 아닌 동물적 본능과 극단적 이기심의 발동은 아닌가? '두려움 없는 사랑'은 삶을 예술처럼 가꾸는 영혼의 승화이고, 이와는 다르게 어두운 그림자 밑에서 은밀하게 행해지는 불륜은 윤리, 도덕을 떠나 타인의 삶과 생명을 붕괴시키는 일종의 범죄는 아닌가 하는 다소 비약이 섞여 있지만 내심에 있는 말을 해 본다. 사랑의 감정이야 한낱 인간이기에 시간이 지남에 따라 무디어지기도 하며 인간이기에 누구나 소외와 권태로 방황하며 일탈을 상상할 수 있다. 이런 관점에서 사랑에 대한 감정의 희석, 그리고 사랑에 대한 배반은 현실에서 누구에게나 얼마든지 일어날 수 있다라는…. 사랑은 휘발성이 있기에 때로는 그러려니 체념하기도 하지만, 인간다움의 마지막 보루인 신뢰와 의리는 좀 더 다른 시각으로 봐야 하지 않을까. 사랑에 대한 배신도 가슴 아픈 일이지만, 인간에 대한 믿음이 붕괴되고 의리가 모독을 받는다면 이는 실망으로부터 절망으로 이어지는 영혼의 주저앉음을 야기하는 건 아닌가를 한번 우리 스스로에게 물어보자. 만남이 있으면 헤어짐이 있고, 헤어짐이 있으면 또 다른 만남이 있겠지만 만남에 있어서 우리는 '진정성'이 있는가를. 헤어짐에 있어서 우리는 나름의 '룰과 원칙'은 가지고 있는가를 생각해 보자.

23

고대에 있어 비록 원시적이라 할지라도 종교적 틀과 형식에서 시작한 신앙과 믿음의 발전은 경외에 가까운 자연의 법칙과 우주의 신비함, 그리고 초자연적인 어떤 원리와 힘이 인간에게는 너무나도 경이롭고 놀라운 미지의 영역이라는 인식에서 시작됐을 것이라 생각된다. 현대에 이르러 이성적 사고에 근거한 철학과 과학의 발달로 신은 이미 신이 아니며, 자연도 더 이상 기이하고 놀라운 현상이 아니게 됐으며, 우주도 여전히 경이롭고 불가사의하나 탐구와 개척이 가능하며, 초자연적인 무언가도 인간이 지금까지 축적해 온 자료와 정보로 설명과 추정이 가능하다고 생각해 오고 있는 건 아닌가. 그러나 서양이든 동양이든 철학과 사상이라는 인간의 사유를 집적한 학문에서도 깊게 파면 팔수록 흥미롭게도 인간의 사변으로는 범접하기 어려운 또 다른 차원과 영역의 신기하고 오묘한 기운과 힘이 존재할 수도 있다고 인식의 진전과 변화가 있어 온 건 아닌가 생각하고 있다. 간단하게 말하자면, 더욱더 깊이가 있는 프로페셔널한 수준으로 들어갈수록 자기가 알고 있던 것이 미미하고 협소하다는 겸양이 어느샌가 스며드는 것과 같은 논리는 아닐까. 저 거대하고 광활한 미지의 공간인 우주도 과학과 기술이 발달함에 따라 관측과 연구 그리고 개발을 바탕으로 물리학이며 천체학이며 행성학이며 이성과 합리의 시선으로 접근하다가 어느 수준의 궤도와 인식으로 가면 결코 헤아리기 어려운, 어떤 심오하고 비밀스러운 힘과 물질 그리고 에너지의 세계가 있을 수 있다는 인식이 확장되는 것은 아닐까 생각하고 있기도 하다. 결론을 내리자면 어떠한 신앙과 믿음이든지 고대로부터 기원되었다는 이유로 단순히 원시적이고 미개하다고 치부하는 것이 아니라, 그 누구도 알 길은 없지만 절대자든 혹은 어떤 초자연적인 힘과 기운이든 이에 대한 시선과 접근에 대한 태도를 변화시켜 인간의 정신세계와 그 정신 Mentality의 바탕이 될 수 있는 영적인 무언가가 인간 개개인에게도 밀접한 관련이 있을 수 있다라는 겸손하면서도 새로운 인식의 확장은 물질과 욕망으로 피폐해지고 고단해진 현대의 우리에게 있어 필요한 모습은 아닌가 생각해 본다. 무엇보다 말하고 싶은 것은 나를 비롯하여 주위를 이롭게 하는 데에 있어 어떠한 바람직한 가치관이나 마음가짐이 있다면 이는 정신의 중요성과 아울러 "우리의 본질 Essence은 무엇일까?"라는 내부로부터의 가능성 혹은 잠재력을 가볍게 지나치지 말자는 일종의 권고로 받아들이면 좋지 않을까. 이러한 마음가짐이나 정신적 소양이 우리의 일상을 두드러지게 변화시키기엔 쉽지 않을 수 있으나 우리의 내면을 응시함으로써 또 다른 가능성의 자아를 발견할 수 있다면 단순히 지나치곤 했던 평화와 행복의 정서일지도 모르는 평범한 단편들이 어느새 조용히 다른 의미로 다가올 수도 있지는 않겠는가.

24

작금에 우리 사회를 소란스 럽고 어수선하게 하는 이슈 중 하나는 페미니즘에 대한 담론은 아닐까 생각한다. 나는 여자가 아니기에, 그리고 그들의 입장에 대해 잘 안다고 할 수 없기에 개인적으로는 페미니즘에 대한 발언은 조심스러우며 한편으론 삼가는 것이 현명하진 않을까 생각하고 있다. 그 대신 다소 엉뚱하고 뜬금없지만 이런 생각을 해 보곤 한다. 사랑이란 건 황홀하고 아름다우며 따뜻하기에 인간에게는 인간으로 성장하는 과정에 있어 필수적인 자양분이 될 수 있다는. 하지만 아쉽게도 사랑이 가지는 힘과 속성엔 명암이 있기에 사랑이 결핍되면 인간은 때때로 변질되고 틀어지며 그리하여 삶의 즐거움과 보람도 공허가 될 수 있고 예술과 신앙에서도 그 목적을 헤매게 되며 아름다운 풍경 앞에서 때론 무감각해진다거나 둔감해질 수도 있지는 않을까. 반면에 넘쳐 나는 사랑을 받는다는 건 무엇일까. 의외로 인간은 넘쳐 나거나 풍요로운 사랑으로 교만해질 수 있고 독선적이 될 수 있으며 사랑을 있는 그대로의 온전한 사랑으로 받아들이지 못하게 되는 건 아닌지. 그래서 안타깝게도 서로를 보듬으며 더불어 살아가는 능력이 결핍되는 또 다른 무감각한 인간이 될 수도 있는 건 아닐까. 닿을 거 같으면서도 닿지 못하는 그런 아련함, 아쉬움, 아픔과 애틋함이 있어야지 사랑을 있는 그대로의 온전한 사랑으로 느껴지는 건 아닌가. 사랑이 너무 결핍돼도, 사랑이 너무 풍족해도 인간에게는 유익하지 않을 수 있다는 이러한 일종의 모순과 이율배반으로 하여금 사랑이 있어도 인간은 고독하게 되고 고독하기에 때론 절망하는 것은 아닌가. 유감스럽고도 애석하지만 사랑에 결핍이 있어 왔던 인간의 목소리를 듣는 것도 고단한 일이고, 사랑의 풍족함에 그 의미의 소중함을 간과하는 인간의 마음을 헤아리는 것도 피곤한 일이다. 이런 의미에서 인간은 가련하고 안타까운 존재는 아닌가. 어찌 보면 받는 사랑이란 한계가 있는 것이며 자기 안에서 발생하는 무한히 주는 사랑에서 인간은 진화의 여지가 있을 수 있다는…. 우리는 사랑을 아는가. 우리는 사랑을 하는가. 우리가 가지는 사랑이 과연 우리를 풍요롭게 하는가. 아니면 우리를 시름하게 하는가. 생각해 보자.

25

　　　　　　　　　　　한국은 자유민주주의를 표방하면서 동시에 자본주의사회이기도 하다. 아무리 자유민주적 가치가 사회의 구성원들을 고르고 대등히 이롭게 하려 하고 자본주의에서 파생되는 맹점들을 상쇄하고 보완하려 하지만 인간이 사는 세상이기에 항상 갈등과 충돌은 발생하기 마련은 아닌가 생각한다. 애석하게도 자본주의가 발달함에 따라 인간이 살아가는 세상이기에 개인과 개인, 더 나아가 국가와 국가 간의 우위를 다투는 일은 더욱 첨예화되고 어느덧 우리는 우리가 살고 있는 사회를 극도의 경쟁 사회라고 부르게 되지 않았나. 이러한 치열한 경쟁으로 살아남아야만 하는 사회에서 발생하는 여러 가지 갈등과 문제들로 사람과 사람 사이에 신뢰의 의미는 소홀해져 가기도 하고 때에 따라 사랑과 우정의 의미도 퇴색해져 가며 더 나아가 생명과 인격체에 대한 경시와 회의적 사고가 한편으로는 팽배해지는 건 아닌가 생각하고 있다. 이러한 시대상의 이슈로 '인문학에 대한 재조명'이라는 사회적 혹은 문화적 유행이 한때 낳게 되지 않았나 생각된다. 이러한 인간과 사회에 대한 자성적 시선의 요구가 인문학의 필연성으로 대두되어 얼마간 지속이 될지는 모르겠으나 오늘날 우리가 살고 있는 시대상의 일면을 고려할 때 한 번쯤 생각해 볼 만한 과도기적 현상의 일부가 아닐까 하는 생각도 든다. 솔직히 인문학에 대해 논하자 한다면 그 역사와 내용이 너무나 방대해 지식인도 학자도 아닌 나로서는 학문적 견지에서 무어라 말할 수 있는 처지는 아니리라. 다만 개인적으로 요즘 우리 사회가 필요로 한다는 인문학적 가치의 재조명은 단순히 학구적이나 학리적인 취지에서 답을 얻고자 하는 것은 아닐 것이라 생각하고 있다.

인문학이 왜 중요할까? 물론 나도 상세히 아는 바가 없어 잠시 주저하기도 하지만 이왕 얘기를 꺼낸 거, 간략하게 몇 마디는 해야 하지 않을까 싶다. 인문학의 근간은 독립적 사유의 존재로서 인간의 존엄성을 부각하고 자유와 부합하는 인간 의지 등을 망라하여 인본적 가치와 더불어 인류 문명에 있어 진보의 길을 터 준 민주주의의 성취에 지대한 공헌을 해 왔다는 데에 그 의의가 있는 것은 아닐까?

사람이 살아가기 위해서는 의식주의 충족에 관한 이유로 돈과 물질이 중요하며 이는 의심의 여지는 없다. 하지만 인간이란 제 각각의 행복과 안위를 위해 살아가려는 본능과 욕망 그리고 의지가 있으며 이러한 관점에서 한정된 자원과 재화를 두고 정당하고 공평한 수준에서 갈등을 최소화하며 다수가 이롭고자 하여 인간 생명과 이성의 존중에 기반하여 바람직한 사회와 문명의 기본 틀을 정립하고자 하는 데에 있어 인문학의 뿌리는 시작된 것이 아닌가 한다. 그래서 개인과 개인은 어떻게 어울리고 더불어 살아가는 데 있어 인간이 필요한 자세와 삶을 어떤 식으로 바라보는 것이 좋은가에 대한 일련의 가치관과 철학적 사유 등이 인문학을 이루는 바탕이 되고 결정체가 되는 것은 아닐까 한다.

잠시 머리 좀 식힐 겸 예를 한번 들어 보자. 할리우드 영화 〈슈퍼맨〉에서 한 악당으로부터 이런 대사가 나온다. "연민과 동정은 진화와 진보를 이루는 데 있어 장애물일 뿐이다." 이에 반해 고도로 발전된 크립톤 행성의 문명을 지키려 하는 과학자 러셀 크로우는 종족에 대한 잠재성과 희망을 버리지 않으려 하고, 행성은 파괴되어 가고 있으나 자신의 아들인 슈퍼맨 헨리 카빌만은 부디 건강하고 무사히 자라나도록 지구라는 행성으로 보낸다. 헨리 카빌에게 정의와 선의 가치를 가르치려 한 양아버지인 케빈 코스트너의 희생과 교훈은 슈퍼맨으로 하여금 인간에 대한 잠재력과 믿음의 힘을 바탕으로 지구 문명을 구하게 된다는…. 비록 할리우드 블록버스터지만 나름 이러한 시사적이면서 교훈적인 내용이 있다는 건 무시할 수 없지 않나 생각된다. 새삼스럽게 우리가 살아가는 사회와 경제의 어둡고 얼룩진 부분을 굳이 예를 들어 가며 장황하게 비유하고 설명하는 건 생략하자. 본질적으로 이야기하자면 인문학에 대한 관심과 의미는 인간이 살아가는 데 있어 개인부터가 긍정적인 인식과 힘을 이끌어 내며 우리가 살고 있는 사회, 더 나아가 인간의 문명을 얼마나 오랫동안 바람직한 방향으로 지속시키는가에 대한 지혜와 열쇠를 가지고 있다는 건 아닌가. 인문학의 근저에 있을 수 있는 도덕과 윤리가 얼마나 인간의 삶을 윤택하게 해 줄는지는 말하기 어렵다. 그 도덕과 윤리가 아무리 올바르고 바람직한 방향을 제시한다 할지라도 한낱 인간의 궁리로부터 나온 경직된 느낌의 규율이나 규범은 아닌가 하는 생각도 없지 않아 있다. 나 자신뿐만 아니라 우리 모두가 성인군자는 아닐 것이기에 윤리와 도덕의 문제에 있어서는 조금만 조심하고 신중하자고 말하는 건 어떨까.

그렇다면 대안으로 인간이 가지는 동정과 이웃애는 어떨까. 때론 섣부른 동정이나 이웃애는 우리네 삶의 시련과 고난의 한가운데서 허무와 고통을 가중시키기도하고 마음을 더욱 상처에 노출시키게도 할 수 있을 것이다. 하지만 다른 선택의 여지는 과연 있을 수 있을까. 우리가 흔히 말하고 고민하는 사랑과 우정의 근저에는 어쩌면 동정과 이웃애에서부터 시작한다고 생각할 수도 있지 않을까. 만약 그렇다면 보다 인간적인 동정이나 이웃애의 본질은 무엇일까 생각해 볼 필요는 있다. 어쩌면 이는 우리네 삶에 녹아내린 열정, 아픔, 눈물을 공유함으로써 나부터 시작하여 우리로 시선을 돌리는 마음가짐은 아닐까. 이런 방면에서 '인문학의 재조명'과 그 의미는 어떻게 살아가는가의 문제와 같이 어떻게 죽을 것인가의 문제를 함께 궁리하고 고민하는 것은 아닐까 한다. 비록 잠시일지라도 이런 인문학의 유행과 반추가 작게는 개인의 일상부터 시작하여 더 나아가 사회와 문명에 잔잔하면서도 유의미한 파동이 만들어지기를 바라고 있다.

26

　　　　　　　　　　선거 때마다 나오는 말이 있다. 행복을 얘기하고 사람을 얘기하기도 하는 데 모두 그러려니 하긴 하지만 개인적으로 "국민의 눈물을 씻어 주겠다."라는 말이 그다지 편하고 기분 좋게 들리지는 않는다. 물론 국민들이 어려움 없이, 커다란 고통 없이, 열심히 사는 만큼 보람을 느끼도록 정책적으로 열심히 궁리하겠다라는 속뜻을 지니고 있는 말이겠지만 "국민의 눈물을 씻어 주겠다."라는 말의 의미는 한편으로는 좀 삐딱하게 들릴 수 있으나 선민사상의 일환에서 나오게 되는 말은 아닌가? 아니라면 다행이지만, 이왕 말이 나온 김에 그냥 한번 일반적으로 생각해 보는 건 어떨까. 세상에 눈물 없는 사람이 어디 있을까. 결코 쉽지 않은 세상, 누구나가 각자의 아픔이 있고 상처가 있으며 말하지 못하는 사연들이 있는 건 아닌가. 애석하지만 눈물은 각자가 흘리는 것이고 각자가 씻는 것은 아닌가. 다만 적어도 헤아리는 마음의 정치인이 있다면 다수가 이롭게 되는 정책을 펼쳐 국민으로 하여금 가급적 눈물을 흘리지 않도록 하면 좋은 것이고, 이왕이면 에너지와 활기, 보람도 느끼게 함으로써 국민 각자가 나름 살맛 나도록 하는 것이 중요한 것은 아닌가 한다.

그렇다면 '헤아리는 마음의 지도자'가 가져야 할 소양과 자질은 무엇일까. 세세하고 복잡하게 생각할 필요는 없을 듯하다. 지도자의 귀감이 되는 가치관과 철학, 그리고 그가 가진 넓은 그릇을 국민이 알게 함으로써 '숙연함'을 느끼게 하는 것부터 시작하는 건 어떨까. '숙연함'이란 보는 이로 하여금 자신을 돌아보고 재정비할 수 있는 자세를 자극하고 격려하는 건 아닐까. 숙연함의 기운과 더불어 사회 분위기의 성숙의 발판을 선사하는 지도자가 시대의 지도자가 될 수 있으며 역사의 지도자가 될 수 있지는 않을까. 유식하고 박식하며 계산이 뛰어나다 할 수 있는 인물은 어렵지 않게 찾을 수 있지만 작게는 우리의 일상부터 지근거리의 앞날이라 해도 앞으로 나아가는 국민 개개인의 사기와 희망을 고무하고 고양시켜 주는 '헤아리는 마음의 지도자'가 더 절실하지는 않을까. '헤아림의 정치'란 바로 눈앞의 수확을 얘기하는 것이 아닌, 시간이 걸리더라도 저 앞날에 있어서 비전과 가능성의 씨앗을 심는다는 지향과 인내의 정치는 아닌가.

27

"종교란 무엇인가?"란 물음에 선뜻 대답하기도 쉽지 않을뿐더러 더욱이 자신의 내면을 성찰하기 위해 종교를 가진다고 말하는 사람들도 쉽게 찾기는 어려울 듯하다. 그렇다면 흔한 상식선에서 종교를 믿는다는 것은 죄를 사하고 구원을 받기 위한 마음에서 비롯하는 것일까? 믿음Faith 자체는 고결하고 지고한 것일 수도 있지만 그 대상에 따라 믿음Faith이란 것도 어찌 보면 우습고도 가볍게 여겨질 수 있는 미혹의 함정이 숨어 있는 건 아닐까. 종교와 믿음은 불가분의 관계이고 여기서 믿음이란 것은 대상에 대한 믿음인지, 혹은 내용과 본질에 관한 믿음인지 그래도 살펴볼 가치가 있지는 않나 생각하고 있다. 이런 관점에서 예수님이든 부처님이든 그들의 가르침과 깨달음 그리고 영혼의 깊이를 헤아리는 것이 믿음의 바탕이 되고 그 믿음의 바탕이 확장되어 종교는 이루어지는 것은 아닐까 생각하는 부분이 있다. 우려의 말이긴 하지만 우리는 혹시 무조건적인 혹은 맹목적인 믿음, 숭배, 찬양, 그리고 구원의 희구로 종교를 대한 적이 있었던가. 그렇지 않다면 우리는 헤아리는 마음으로 믿음을 공고히 하고 그 믿음을 바탕으로 종교를 바라보고 있는지 생각해 보자. 사람을 대하고, 사람의 마음을 다루는 일이니 작게는 사랑이든, 자애든, 우정이든, 더 나아가 사회적 공헌과 정치라는 활동도 헤아리는 마음으로 자신을 포함하여 세상을 바라보는 자세로 시작하는 것이고 어찌 보면 이것 역시 종교의 입문과 기본을 이루는 것은 아닐까. 감히 생각해 본다. 대답하기 어렵지만 예수님과 부처님, 그들의 메시지는 무엇일까? 아마도 믿음 Faith은 가지되 그 믿음은 자신의 내부를 향한 것이어야 하고 그럼으로써 자기 스스로 평화와 구원을 구현하라는 것은 아닐까?

여담이지만 미국의 대통령 취임식에 있어 대통령 당선자는 판사 앞에서 이런 말로 먼저 취임 선서를 한다. "Help me, God…. 신이여, 저를 도우소서." 여기서 언급되는 신God이란 저 하늘 어딘가에 있는 신일까, 아니면 우리 각자의 내부에 있는 어떤 영적 실체일까. 나로서 함부로 단정 짓거나 추단할 문제가 아닌지라 조심스레 말을 아끼고 싶다. 개인적으로는 신God 혹은 영적인 무언가는 우리에게서 멀지 않은 곳에 있는 건 아닐까라는 상상을 해 본다. 이런 견지에서 여전히 말하기 조심스러우나 저 어딘가에 있을 것이라는 신God을 부르며 외치기보다 때로는 우리 안의 내면에 우리를 일깨우는 다른 무엇이 있을 거라는 것을 응시하는 건 어떨까. 인간에게는 정신Mentality이 있고 이 정신으로 하여금 인간은 신God이든 혹은 영적인 무언가든 이따금 경외와 두려움으로 다른 한편의 범접하거나 이해하기 어려운 영역에 대해 헤아리고자 노력해 온 건 아닌가. 다행인 것이 인간에게는 적어도 사색과 숙고를 할 수 있는 의지와 지력이 있고 동시에 기도하는 마음의 경건함과 순수함도 있다는 것이다. 인간 정신의 이러한 능력을 바탕으로 당장은 아니더라도 언젠가 영적 세계의 문을 조심스레 두드려 보는 날이 올 것이라면 인간은 자신을 치유하고 그리하여 세상은 좀 더 밝은 미래로 나아가는 길이 만들어질 수도 있지는 않을까.

28

코로나가 불러온 비극은 경제적이고도 사회적인 파탄과 혼란도 있겠지만 무엇보다 비극적인 것은 죽음을 맞이하는 방법과 임종을 대하는 우리의 모습은 아닌가 생각한다. 사랑하는 이의 얼굴을 마주하고 따뜻한 말 한마디와 함께 손을 잡고 얼굴을 쓰다듬으며 사랑하는 사람에 대한 마지막 온정이나마 전달할 수 없게 되었다는 것이 무엇보다 안타깝고도 쓰라린 비극은 아닌가. 코로나로 인해 격리와 사회적 단절 혹은 거리 두기로 자신의 내면을 바라보는 시간과 계기도 생겨났지만 이 또한 명암이 갈리는 것은 아닌가 생각하고 있다. 외로움과 소외로 우울증에 걸리는가 하면, 때로는 자살까지 이어지기도 한다는 소식이 여기저기서 들려오기도 했다. 내면을 응시함으로써 내 안에 자라나는 성숙을 마주하는 경우도 없지는 않겠지만 이 또한 마냥 긍정과 밝음을 중심으로 이루어지지는 않을 것이기에, 기본적으로 내면을 바라본다는 것은 어떤 형식으로 두려움과 아픔을 마주한다는 것은 아닐까. 코로나는 인간의 육체와 정신의 건강에 해를 끼치지만 궁극적으로 인간이 인간을 대하는 매너에도 영향을 끼칠 수밖에 없을 것이라는 생각이 든다. 백신을 안 맞았다고, 혹은 백신을 맞아도 저 사람이 잠정적 숙주는 아닐까 하는 의심과 함께 결국에는 인간이 인간을 더욱 두려워하게 되는 시대가 한동안 지속되는 것은 아닐까. 인간이 인간을 사랑하도록 만들어졌는지, 아니면 인간이 인간을 두려워하도록 만들어졌는지는 앞으로 우리가 보고 겪어야 할 과정에서 알게 될 것이고 우리가 어떠한 인식을 가지건 간에 지금까지와는 다른, 새롭고 구별되는 사회와 문명의 시대가 전개되지는 않을까 싶다. 어쩌면 인간은 잠시 홀로 이어야만 하는 시간이 필요한 건 아닌지. 그렇다면 그 홀로임의 시간에서 홀로인 나를 더 의미 있게 생각하는지, 아니면 누군가와 함께함을 더 소중하게 생각하는지. 각자가 판단할 일이겠지만 어찌 보면 고독을 통해서 나를 바라보고 고독을 통해서 함께함을 바라보는 게 되는 건 아닌가. 혹시 코로나를 통해서 우리는 고독과 함께함의 가치와 의미를 돌아보는 계기를 만드는가도 생각해 볼 일이다.

29

　　　　　　　　　　　　　동양과 서양에 있어 문화의 차이를 간명하게 말하자면 집단주의와 개인주의를 예로 들 수 있지 않을까. 집단주의와 개인주의의 의미와 정의는 학자마다 조금씩 설명이 다를 수 있겠으나 이 둘 사이의 경계를 명확하게 구분하는 핵심은 아마도 자아발견Self discovery 혹은 자아실현Self realization에 있지 않을까 생각한다. 집단주의는 단합과 정해진 범주 안에서의 순응이란 기치 아래 개성과 다양성의 진작은 뒤로하고 이미 주조된 틀과 개념에 끼워 맞추는 인간상을 만드는 것이고, 개인주의는 인간 존재에 대한 근원적 사유와 성찰에 기인한 자아의 발견과 실현에 그 의미와 중요성을 두어 인간 개개인의 얼굴이 각기

다르듯이 다양한 개성이 장려되는, 보다 다원화된 사회에 어울리는 문화 성향이 아닌가 한다. 여기서 짚고 넘어가야 할 필요가 있는 것은 다원화된 민주 사회에서 개인주의를 곡해하여 일그러진 이기주의가 양산될 수 있다는 것 인데, 개인주의와 이기주의의 차이는 어렵게 생각할 필요가 없을 듯하다. 개인주의는 '나'를 존중하듯이 '너 혹은 당신'을 존중하는 것이고 이에 대해 가치관의 정립이 미흡하거나 미덕의 부재는 이기주의의 폐단인 무질서와 혼란 등의 변칙과 부정을 야기하는 것은 아닌가 생각된다. 이와 같은 맥락에서 바람직하고 모든 개성이 존중받는 안정적인 사회를 실현하는 데 있어 '공동선의 추구'라는 다수가 공감하는 시민사회적 지향점 또한 고려되어야 하는데, 존중받을 만한 다양한 목소리를 수렴하기 어려운 집단주의 안에서는 성숙한 형태의 '공리'에 대한 여론 형성이 어렵게 되며 인간의 성찰적 태도의 근원이 되는 선Good에 대한 가치관 정립과 진작을 고무하는 분위기를 저해하여 불행하게도 더욱 고립되고 방황하는 개인들을 양산하게 되는 안타까운 면이 있지 않나 생각하고 있다.

 이러한 견지에서 고도로 발전한 다원화된 민주사회에서는 성숙한 형태의 개인주의가 보편화될 필요가 있는데 앞서 언급한 것처럼 내가 있기에 네가 있는 것이며 서로를 비교하기보다 실존적 차원에서 본질적인 자아의 향상과 내면의 성찰이 개인의 성장과 더불어 성숙한 사회를 이루어 나가는 데 의미심장한 열쇠의 역할을 하지 않을까 생각하는 바이다. 개인 혹은 집단 사이에서 의식적으로 우열을 따지거나 높고 낮음을 견주어 서로를 인정하지 않거나 존중하지 않고 시기와 질투로 배척하는 사고방식에서 벗어나 오늘의 '나'가 있기에 내일의 '나'가 있는 것이며 타인과 비교하여 자아에 대한 만족감을 찾기보다는 하루하루가 달라지는 자기 스스로에 대한 근본적 향상과 진전에서 자아의 충족을 음미하는 것이 보다 성숙하고도 안정적인 다원화된 민주사회에 필요한 개인주의이고 분별 있고 무르익은 형태의 공리적 가치관을 마련하는 발판이 되지 않을까 생각하고 있다. 정형화된 틀 속에 가두어진 집단의 사고방식에서 벗어나 나를 보고 너를 보며 반대편의 다른 사람들을 응시할 때 그나마 방황하며 일탈하는 개인의 숫자는 줄어들고 그럼으로써 사회 안의 갈등은 점차 최소화되어 가는 것은 아닌가 생각해 보자. 이러한 흐름에서 개인의 의식의 성장과 성숙은 사고의 깊이와 인식의 확장을 자극하여 어느 시점에는 개인마다 인간이 가지는 가능성의 웅장함을 음미하고 인식하여 서로를 존중하고 배려하는 자세에서 인간 개개인의 이면에 내재하는 힘과 잠재성을 찾는 시각과 통찰이 생기는 건 아닌가 하는 희망적 생각을 지나쳐 버리지 말자. 인간은 때로 홀로이기도 하고, 홀로 살아가야 하는 고독하고도 미미하며 작은 존재일 수도 있지만, 세상의 중심에 우뚝 설 수 있는 힘과 의지, 그리고 현명함을 만들어 내는 지혜의 깊이가 다른 존재는 아닌가. 우리가 우리 스스로를 만물의 영장이라고 부르는 이유는 아마도 여기에 있지 않을까 생각하고 있다.

30

　　　　　　　　　　우리는 흔히 무언가를 이루고 성취했다는 것에 있어 머리가 비상하다, 그리고 "요령이 있다."라는 감탄 혹은 칭찬의 표현을 쓰기도 한다. 물론 남다른 지력과 범상치 않은 재능이 괄목할 만한 성과와 결실을 맺게 하는 데 있어 큰 역할을 하는 건 분명하나, 그 성과와 결실에 인간적인 무언가를 덧붙이거나 추가할 필요가 있다면 열정Passion이란 것을 언급하고 싶다. 열정이란 무엇보다 그 대상에 대한 사랑과 인내가 굳게 뭉쳐져 어떠한 난관과 장애물도 극복하리라는 의지와 기개는 아닌가. 이 열정을 바탕으로 하는 꾸준한 반복 학습, 이에 더해 실패가 필수임을 인식하고 그 과정 속에서의 교훈과 사색으로 두뇌는 진지하게 노력하는 한 어떤 식으로든 발달할 수 있다고 생각한다. 인간이 인간의 두뇌를 디자인한 것도 아니고 얼마든지 펼쳐질 수 있는 가능성과 잠재력을 단정 짓지 말자는 말을 하고 싶다. 그 당사자의 관심 분야와 생각하는 방식에 따라 고유의 발달 영역이 생겨날 수 있는 것이고, 게다가 열정이란 것이 더해진다면 인간적인 성취와 더불어 감동을 불러일으키는 드라마는 등장할 수도 있다는 믿음을 갖자. 그럼에도 결국 인간은 인간인지라 모든 분야를 섭렵하기에는 시간과 기력의 제한으로 어려울 수도 있으리라 생각한다. 하지만 딱히 정해 놓은 시간과 단기적 성과에 구애받지 않고 꾸준히 지속되는 열정과 관심의 집중은 누구에게든 천재적인 역량을 낳게 하기도 한다는 긍정적인 믿음을 가져 보자. 자신이 잘할 수 있고 자신감을 바탕으로 나이가 들어서도 한결같이 열정을 쏟을 수 있는 것을 찾는 것에 주저하거나 포기하지 말자. 인간의 두뇌는 거기에 맞추어 꾸준히 발달되고 정점에 이르도록 인내로 도모한다면 삶은 어느 순간 에너지와 영감으로 채워질 수 있다고 믿고 있다. 삶의 허무와 인간에 대한 사사로운 실망과 좌절은 때로 위대한 열정과 영감에 의해 상쇄될 수 있다고 생각하는 바이다. 어쩌면 고귀하고 가치 있는 삶의 비밀은 여기에 있지는 않을까. 인간의 두뇌는 바다의 심연과도 같은 미지의 영역이기도 하고 고정 관념과 편견으로부터 스스로를 속박하지 않음으로써 우리가 왜 인간임을 상기해 보는 건 어떨까.

31

인간관계에 있어 우리는 가장 중요하다 생각할 만한 것이 무엇일까. 흔한 얘기로 친구 관계나 남녀 관계에 있어 경제적, 환경적 요인이 비슷하거나 크게 차이가 없어야지 원만한 인간관계가 형성될 수 있다는 말을 많이 하지 않나 생각된다. 물론 틀린 말은 아니지만 피상적인 해석이고 결론은 아닐까. 나는 다소 다른 관점으로, 자존심과 자존감이란 일종의 자기를 대하는 태도와 의식을 언급하고 싶다. 이 둘의 개념은 한 끗 차이로 별반 차이가 없어 보이지만 실은 이 두 개가 정반대의 의미를 가질 수 있다는 것에 의아한 느낌이 들 수 있을지도 모르겠다. 그렇다면 먼저 자존심이란 무엇일까? 간략하게 풀어 쓰자면 자존심이란 "내가 누군데?"라며 나의 자아를 인위적으로 상승시키며 상대방으로부터 조금의 휘둘림과 통제도 용납하지 않는 것이고, 자존감이란 "당신들 혹은 당신은 아직 나를 잘 모르지."란 의식이 바탕이 되어 어떠한 비난과 소외에도 흔들림 없이 자기를 지탱하는 힘이며 스스로에 대한 통제력과 같은 것은 아닐까. 우리가 흔히 느끼게 되는 인간관계에서의 혼란과 상처, 고통 등은 물론 서로에 대한 의리 혹은 신뢰를 저버리는 것으로부터 발생하는 경우도 적지 않지만, 서로 호감과 애정을 가지고 있음에도 불구하고 고립감이나 외로움의 정서로 방황하게 되는 이가 있다면 이는 대체로 자존심과 자존감에 대한 문제는 아닐까 생각하는 것은 어떨까. 잠시 자존심이란 개념을 고찰해 보자면 이는 단시간의 급격한 변화, 즉 일시적 성취로의 자아에 대한 팽창과 혹은 일시적 상실로의 자아에 대한 위축으로 그 의식과 태도의 변동성은 크다라고 할 수 있는 건 아닌가. 반면에 자존감은 이와는 다르게 자기 내부의 알맹이를 단단한 보석이 되도록 꾸준히 단련시키는 것이고 이는 쉽지는 않겠으나 아주 긴 세월, 이십 년 혹은 삼십 년이 걸리는 고난과도 같은 인간적 여정과 배움이 수반되어야지 가능하다고 생각하고 있다. 가장 바람직하고 이상적인 인간관계는 정도의 차이는 있으나 높은 자존감의 인격체끼리 어울려야 가능한 것이고 무엇보다 중요한 것은 자신이 의미 있는 인간관계를 추구하고자 한다면 먼저 자신부터가 노력을 발판으로 강한 자존감을 가꾸어 나가야 할 필요가 있다라는 것을 말하고 싶다. 물론 결코 쉽지는 않으나 자존심이란 일종의 열등의식 혹은 허영을 제쳐 버리고 자존감이란 겸허와 인내 그리고 강단의 자세를 택하고자 한다면 오랜 시간의 과정을 감내해야 하는 것도 중요하지만 어쩌면 그 근저를 이루는 바탕은 마음을 열고 진실되게 소통하고 교감하고자 하는 의식과 자기 자신과의 약속에서 먼저 시작되는 것은 아닐까. 인생을 알려면 먼저 높이 나는 새가 되란 말이 있지 않은가. 어느 사이에 내가 높이 날게 되는 새가 되는 것이 아니라, 나는 높이 나는 새가 될 것이기에 주어지는 시련과 고난, 주변의 비아냥과 차가운 시선을 뒤로하고 묵묵히 받아들이며 한 걸음씩 나아가는 것부터가 높이 나는 새가 되는 결정체가 만들어지는 것은 아닌가. 이러한 의식과 마음가짐으로 인간관계에서도 관조와도 같은 헤아림을 시작으로 주변과 세상으로 그 큰 그릇은 확장해 나가는 것은 아니겠는가.

32

　　　　　　　　　현대 사회를 논하는 데 있어 가장 먼저 떠오르는 것은 살기 쉽지 않은 세상이라는 것이다. 남의 돈을 번다는 거 자체가 어려운 일이며 그러한 과정 속에서 우리는 상처받고 방황하게 되는 건 아닌가. 인간관계에서도 사랑이든 우정이든 우리 뜻대로 되는 것은 없다고 말하는 것이 차라리 속이 편할 수도 있다. 사람이 살다 보면 상처, 아픔, 트라우마라는 어두운 정서는 삶의 한 시점에서 생겨나는 것이고 어쩌면 본질적인 삶의 시작은 이들 어두운 정서를 이겨 내고 극복하는 것에서부터 이루어진다고 해도 과언은 아닐 것이라 생각한다. 현대 사회에서도 상처받아 소외를 느끼고 더 이상 상처받지 않고자 스스로 고립을 자초해 은둔을 택하는 사람들이 적지 않은 것 같다. 상처, 아픔, 두려움 같은 불안한 정서는 현대 사회에서 상실감에 방황하는 군상을 있게 하는 것이며 이는 결국에는 은둔으로 이어지는 뒷배경은 아닐까. 선의와 순수함으로 다가섰다가 하이에나 같은 것들에게 이리저리 물어뜯겨 만신창이가 된 후 세상과 단절하게 되는 사람들이 쉽게 눈에 띄지는 않더라도 적잖게 있을 것이라 생각한다. 그들의 성향 차이에 따라 그림이나 시, 다른 예술 같은 것으로 자신만의 세계에 몰두하게 되는 여린 자들도 있겠고. 혹은 배트맨처럼 옳고 그름, 선과 악 사이에서 자신의 위치를 찾아 응징과 교훈을 실현시키기 위해 고독한 '퍼니셔Punisher'가 되기를 바라는 자들도 있을 것이다. 한 케이블 방송 채널에서 〈나는 자연인이다〉라는 프로그램이 잠시 인기가 있었던 걸로 기억한다. 경쟁 사회에서의 피로와 고단함에 지친 직장인과 사회인들이 잠시나마 동경했다는. 그러나 미안한 말이지만 이들 '자연인'들은 어찌 보면 '삶을 영위한다'를 포기하고 고립 속에서 자신만의 생명을 지속하는 쪽으로만 선택을 한 건 아닌가. 삶에 있어 인간의 궁극적 목표가 행복이든 평화든 또는 해탈이든, 이는 인간의 무리 사이에서의 '나 자신'을 찾는 거부터 시작해야 하지 않나 생각하는데…. 물론 수많은 고민을 거치고 고립과 은둔을 택한 것이겠지만, 어쩌면 이는 일종의 삶의 포기나 자신이 헤쳐 나가야 할 숙명의 회피는 아닌가라는 생각이 들기도 한다. 내가 그 은둔을 자초한 그들의 상처와 아픔, 그리고 상실감을 안다고 할 수 없기에 더 이상의 언급은 조심해야겠지만, 한편으로는 그들의 선택이 단순한 회피와 모면이 아닌 '훌훌 버리고 털어 버린다'의 의미로 해석할 여지는 있지 않을까도 생각되는 부분이 있다. "오죽하면 그럴 수 있겠는가." 그렇다면 훌훌 버리고 '털어놓는다' 혹은 '내려놓는다'란 의미는 무엇일까. 인간은 명암이 있는 존재임을 고려할 때 밝음과 어둠의 사이에서 어느 한쪽에 치우치지 않으며 어느 색채도 아닌 '진공상태'와도 같은 느낌의 내려놓음이 어찌 보면 진정한 평안을 인지하는 시작은 아닐까.

33

　　　　　　　　　신자유주의. 그리고 세계화란 용어가 한때 유행처럼 쓰였다. 그만큼 자본주의는 그 나름의 과정을 겪으며 인간의 삶의 질을 궁리하고 어떻게 더 나아지고자 방향을 모색하는 대부분의 나라에 중추적 시스템으로서 정착해 온 건 아닌가. 비록 인간의 욕구를 충족하기 위해, 그리고 삶의 질을 향상시키기 위해 도입된 자본주의도 한정된 재화와 자원 앞에서 그 역량의 한계를 드러내는 건 아닌가 걱정이 된다.

　자본주의의 성장에 있어 그 열매를 달게 누린 세대들이 있을 것이다. 작금의 자본주의는 열매가 어느 정도 거두어진 상태에서 다소 메말라 가는 상태로 접어들고 있는 건 아닌가 하는 나름의 생각이 있는데, 모든 일과 사건에는 기복이 있듯이 어쩌면 자본주의도 어느 시점부터 내리막을 타는 길로 들어설 것이라는 사실에 우리는 준비를 해야 할 때가 오지는 않았나 생각하고 있다. 그렇다고 여기서 무기력해지고 체념할 순 없는 일이 아닌가. 무언가를 다시 보강하고 보완하여 다시 상향선을 향해 가야 하겠지만 서두르면 부작용이 더욱 생길 수 있다는 것을 명심하자. 차근차근 해야 한다는 것인데, 물론 이게 쉬울 거라 생각하지 않는다. 개인의 욕망이 있고 경제의 패권이 있으며 정치의 이해가 있기에 우리가 누리고자 하는, 그리고 충족하고자 하는 기대는 점점 작아지고 있는 듯하다. 이러한 시대상을 반영하여 요즈음 젊은 세대들이 스스로를 '생존주의자'라 명명하는 게 안타깝다. 이런 자조와 조소는 좀 더 나은 체제와 문명으로 가는 길목에 있어 그들이 다소 고르지 않은 길 위에 위치했다는 반증은 아닐까. 이에 대해 누군가를 탓할 수는 있겠으나 탓한다고 해결될 일도 아니고 유감스럽게도 젊은 세대들은 자신들의 일상과 현시점의 사회 체제, 그리고 넓은 의미에서 그 사회가 지향하는 문명의 흐름에 대해 더욱 치열하게 궁리하고 고민해야 하는 짐Burden을 짊어진 세대라고 말할 수 있을 것 같다. 아쉽게도 누구의 탓으로 돌리는 것도 한계가 있으며 우리가 가고 있는 문명의 흐름의 한 길모퉁이에서 그들 스스로가 해야만 하는 일이 있을 것이고, 가야 할 방향에 있어 진득하고 깊이 있게 통찰해야 한다는 것이 우선이 되어야 할 필요가 있지 않나 생각한다. 열매를 달게 누린 자들도 분명 있으나 그 열매를 맺게 하기 위해서 수많은 전쟁과 시련의 과정 속에서 바람처럼 사라진 막대한 수의 희생과 노고들이 있었다는 것도 상기해 보자. 물론 이렇게 거시적인 안목으로 시대와 흐름을 헤아리고 이해하면 좋으련만, 이는 한편으로는 학자로서의 자세와 견지는 아니겠나. 번영이 있었다면 쇠퇴가 따르는 법. 그리고 다시 번영으로 가는 것이 삶과 생명, 자연 그리고 문명의 조화와 이치는 아닌가를 생각해 보자. 인간Humanity에게 주어진 영겁과도 같은 시간 속에서 절박하고 몹시 불안하다고 서두르고 재촉할 필요는 없다. 생존에 대해서 두려움을 느끼며 앞으로 살아가야 함을 고민할 때, 오히려 촉각을 곤두세우고 나와 내 옆을 바라봐야 하는 건 아닌가. 홀로 생존하는 건 의미가 없지 않을까. 내 옆에 누가 있는가를 바라보고 어떻게 같이 가는가를 고민할 때, 보다 진화된 사회와 문명으로 가는 열쇠가 주어질 수도 있다는 것에 우리는 기대해도 좋다고 생각해 보자.

34

 태양보다 200배나 큰 별이 존재한다는 건 일상으로 바쁜 보통의 인간에겐 상상조차 어려운 일이지만 천문학계에선 이는 엄연히 실재이다. 이는 천문학적 계산상의 거리에 떨어져 있는 저 머나먼 공간의 어딘가에 실제로 있는 현실이며 인류의 문명이 수십억 년이 지속된다는 가정 하에 한편으로는 언젠가 인간이 마주해야 할 미래일 수도 있을 것이다. 왜냐하면 태양이 그 수명을 다하기 전 지구를 삼켜 버릴 정도로 거대하게 팽창한다는 이론이 있기에.
 불과 270년 전 갈릴레오는 태양이 지구를 돌지 않고 지구가 태양을 중심으로 공전한다는 주장을 하여 종교적 박해를 받고 가택 연금으로 고난의 삶을 보냈다. 갈릴레오뿐만 아니라 그 시대에 혁신적이고 개방적이며 자유스러운 철학자와 사상가, 과학자들이 있었지만 권위에 대항한다는 이유로 그리고 종교적 이해와 상충된다는 이유로 모두들 이단이고 타락이라는 오명과 낙인이 찍혀 박해의 삶을 감내해야 하는 역사가 있었다. 인류의 문명과 이기, 그리고 과학을 비롯한 천문학적 이론의 성취는 모두 근세 시대부터의 획기적인 사상가와 과학자들이 박해를 감수하면서의 혁신과 자유, 진보에 대한 신념으로 힘입은 바가 크다는 것을 부인하기 어렵다. 불과 몇 백 년 전까지도 지구는 둥글지 않고 지구가 우주의 중심이라는 사상이 만연했는데 현대의 문명과 과학의 기술은 인간을 달에 보내고 머지않아 인류의 또 다른 서식지의 가능성으로 화성에 대한 탐사와 우주 개발에 박차를 기울이고 있지 않나. 이와 관련하여 이제는 어느 시점부터 인간이 이 끝 모르게 거대한 우주에 유일한 지적 생명체라는 명제에 의문을 가질 때가 오지 않겠나 하는 것이 과학계의 적지 않은 학자들 사이에서 공통적으로 생각하고 있는 부분이란 것은 흥미롭지 않을 수 없다. 지적 능력을 소유한 다른 생명체들이 우주의 저 끝자락 어딘가에 존재하며 인간의 지적 능력으로 이해하기 어려운 고도의 신비에 쌓인 문명이 우주 저 어딘가에 실재하리라 믿고 있음이 이제는 허황된 공상이 아닌 인간의 잠재성과 가능성을 보다 적극적으로 품고 응시하게 되는 계기가 되는 날을 앞당기리라 믿고 있다.

이런 맥락에서 인류는 언젠가는 태양계를 넘어 더 나아가서 은하계를 벗어나 미지와 경탄의 우주 저 멀리까지 나아가야 하는 숙명을 지닌 사유의 존재는 아닐까. 하루하루가 급변하는 사회에서 불안과 동요가 멈추지 않는 듯한 과도기적 시대의 삶은 어쩌면 몇백 년 동안 혹은 그 이상 계속 지속될 듯하다. 이를 고려할 때 앞날을 걱정하는, 혹은 내다보게 하는 사유를 고무하는 교육은 중요하고 이런 교육을 바탕으로 언제나 새로운 패러다임의 사상과 이론은 존중받고 조명받아야 한다고 생각하고 있다. 그러면 우리가 해야 할 일은 무엇이고, 우리가 우리 스스로를 어떻게 바라보아야 하는가. 인간 개개인이 인간성Humanity을 바탕으로 하는 자유와 혁신의 마음가짐을 배양하는 사회 분위기와 아울러 이를 장려하는 교육과 문화의 조성이 우리가 당면한 문제는 아닌가. 이러한 이슈를 고민하며 헤쳐 나가는 과정은 물론 쉽지 않을 것이다. 왜냐하면 우리가 익숙해져 있거나 관습적으로 타당하다고 여긴 그동안의 제도와 관념을 수정해야 하거나 의문을 던져야 할 수도 있기 때문이다. 이러한 견지에서 지치더라도 끊임없이 탐구하고 도전을 자극하는 배움의 자세를 격려하는 교육이 우리가 필요로 하는 교육이 아닐까. 개인적으로 인류 문명은 아직 걸음마를 익히는 유아의 수준도 다다르지 못했다는 다소 보수적이면서 동시에 혁명적인 생각을 해 본다. 마치 어른이 아장아장 걸음을 익히는 유아를 간섭 없이 지켜보는 것처럼 고도의 문명을 지닌 어떤 다른 지적 생명체가 우리 지구인들을 멀리서 간섭 없이 지켜보고 있는 건 아닌지…. 이도 아니라면 좀 더 놀랍지만 우리는 아직 어머니의 자궁 안에서 몸부림치는 작고 미약한 태아의 단계는 아닌가. 설령 그렇다 하더라도 실망할 이유는 없다. 그만큼 인류의 앞날은 무궁무진한 가능성을 목전에 두고 있다는 의미이기에. 인간은 직진할 수밖에 없는 존재이며 그 직진의 끝자락은 분명 저 방대한 우주의 어딘가일 수 있다는. 먼 미래의 어느 시점에는 지구의 인류가 고도의 문명을 이루어 다른 행성 어딘가에 태동하는 문명을 멀찌감치 지켜볼 수 있는 날이 올 수도 있는 것 아니겠는가? 그런 날은 올 것이라 믿기에, 우리는 더디지만 조금씩 자그마한 디딤돌을 만들어 가고 있는 건 아닌가.

35

　　　　　　　　　　　미국의 초대 대통령이자 세계 최초의 대통령으로 기록되는 조지 워싱턴이라는 인물이 있다. 조지 워싱턴에 대한 정치적 업적과 역사에 대한 자료와 이야기는 세상에 많이 알려져 있어서 그런지 그는 미국을 대표하는 일종의 브랜드가 되어 온 건 아닌가 한다. 조지 워싱턴의 도전 정신, 용맹함, 기개와 기치, 그리고 오늘날의 미국으로 이르도록 한 가치에 대한 헌신과 남다른 인품은 두말할 나위 없이 그를 인류 역사상 가장 위대한 인물 중의 하나로 손꼽히는데 있어 중요한 참고가 될 수 있다고 생각한다. 정치적 업적과 역사와는 별개로 무엇보다 내가 조지 워싱턴에 대해 주목하고 싶은 것은 그의 순수하며 열정으로 가득 찬, 사랑하는 한 여자와의 로맨스이며 그 온화하며 진실된 정서의 일관성은 구별되기에 나름 주목하고 싶은 부분이 있다. 한 번의 결혼 생활을 한 여자와의 만남과 사랑이 주목할 만한 로맨스라기보다, 삶의 상당한 부분을 혹독하고 참혹한 전장 속에서 보내야만 했던 조지 워싱턴은 그 거친 시련과 고난의 시간 속에서도 닳거나 마모되지 않는 한 여자에 대한 일관되고 지순한 애정과 신뢰로 하여금 한 인간으로서의 됨됨이와 아울러 지키고자 하는 가치와 미덕, 그리고 조지 워싱턴 특유의 인간애와 애국의 소신을 짐작하게 하기에 그와 그의 여자 마사 워싱턴의 진지하고도 애틋한 그들만의 역사를 조명하고 싶은 것이다. 그 사랑하는 여자, 마사 워싱턴과의 40년 동안 서로 주고 받은 수많은 손 편지와 그 편지 안에 녹아 있는 서로에 대한 그리움과 간곡한 애정. 조지 워싱턴에 대한 걱정과 사랑으로 위험을 무릅쓰고 그와 함께한 마사 워싱턴의 전장에서의 시간들을 미루어 볼 때 어쩌면 조지 워싱턴의 미국의 독립 전쟁으로부터의 교훈과 의미, 그리고 오늘날의 미국을 이룬 바탕이 될 만한 가치와 믿음, 숭고함, 그리고 결의가 있는 듯한 기도하는 마음의 뒷배경에는 그의 사랑하는 여자, 마사 워싱턴에 대한 일관되고 순수하며 열정으로 가득한 아름다운 사랑이 있는 것은 아닌가 생각하고 있다. 조지 워싱턴이 2선의 미국 대통령을 하고도 주변의 열렬한 도움과 지지로 충분히 영속할 만한 권력을 가능하게 했던 미국의 대통령직을 원하는 한 계속 유지할 수 있었음에도 불구하고 그 한적하고 고즈넉한 버지니아의 농장으로 은퇴를 결심한 것에 있어서 그의 사랑하는 여자, 마사 워싱턴과의 삶의 마무리를 함께 장식하기 위해서가 아닐는지. 조지 워싱턴이 침대에서 눈을 감은 후 그의 여자, 마사 워싱턴은 이렇게 말했다지…. "그래, 이제 잘됐어. 모든 것은 끝났고 더 이상의 시련과 고난도 이제 없어. 난 곧 그를 따라갈 것이야." 시간은 얼마 지나지 않아 조지 워싱턴의 여자, 마사 워싱턴은 조지 워싱턴과 40년 동안 주고 받은 손 편지를 벽난로에 스스로 소각하고 그를 따라 평화로운 죽음으로 세상을 떠났으며 버지니아 마운트 버넌의 아름다운 강을 끼고 도는 푸르른 대지에 이들은 영원히 함께하게 되었다는…. 후대의 사람들은 조지 워싱턴을 두고 건국의 아버지, 위대한 인간, 그리고 불멸의 지도자로서 칭송과 찬사를 해 오고 있지만 이와 더불어 다른 한편으로는 불멸의 로맨스와 사랑을 대표하는 지순하고 순수한, 그리고 열정과 신의로 함의하는 한 남자로서, 그리고 한 인간으로서의 표본과 본보기가 되는 건 아닌가 생각해 볼만 하다.

36

외향적Extroverted이란 단순히 웃고 떠드는 것을 즐긴다거나 어울리고자 하는 사람들의 비위 같은 것을 잘 맞추어 주며 활발하거나 활기 있는 사회 활동을 지향하는 성향이라고 굳이 해석할 필요가 있을까. 마찬가지로 내향적Introverted이란 것도 단순히 혼자 지내는 걸 선호하고 낯가림을 하며 자기만의 세계에서 성찰을 하든 몽상을 하든 수줍은 외톨박이를 지칭하는 성향이라고 굳이 생각할 필요는 없을 듯하다. 나는 심리학자도 아니고 이에 대해 자세히 전문적으로 기술하기는 어려워도 '내향적이다' 혹은 '외향적이다'라는 구분으로 흔히 사람들 사이에서 한 개인의 양식과 스타일을 단정 지으려는 사고방식이 때로

미덥지 못하다는 느낌을 받곤 했다. 성격과 인품의 형성에 있어 물론 유전적이거나 선천적일 수 있다는 사실도 일리가 있지만 성격과 인품을 결정짓는 무엇보다 중요한 요소는 헌신Dedication, 열정 Passion, 커다란 그릇Big heart 등이 아닐까 생각하고 있다. 이들 세 요소가 균형 있게 조합되어 자리 잡은 삶이 활기와 생동감, 그리고 건강한 정신에서의 유의미한 가치관을 낳게 한다는 믿음을 가지고 있으며 실생활에 적용할 때 우리는 우리 자신뿐 아니라 타인에게도 색다른 무언가를 투영할 수 있는 시각이 만들어지는 것은 아닐까 생각한다. 아름다움을 발견하고 일깨우는 예술, 그리고 사람들을 감동시키는 열정과 투혼의 스포츠, 국가를 위해 그리고 전우와 동료를 위해 위험을 무릅쓰는 전장에서의 군인들, 재난 현장에 자기 일이라 여기고 달려가는 봉사의 정신과 마음에서 삶에 대한 열정과 그 열정으로의 소통으로 사람 사이의 끈적한 유대와 공통의 교집합적인 인간다움의 정서를 느끼게 되지는 않는가? 단순히 외향적이라고 해서 길 위에 쓰러진 사람에게 먼저 다가가 진지한 얼굴로 손을 뻗어 내준다거나, 냉담한 듯 무표정한 사람에게 먼저 상냥하게 미소 지으며 안녕하냐고 안부를 물을 것이라고는 생각하지 않는다. 열정과 헌신, 그리고 큰 그릇의 균형 있는 조합은 사람을 의욕적으로 만든다거나 활기를 가지게 함으로써 목표 지향적인 사람이 되도록 동기를 부여하기도 하고, 때로는 익살스러움으로 즐거움과 화기애애함을 만드는 여력을 가지도록 할 수 있다고 생각하고 있다. 그리고 또한 부당한 일이 벌어지고 있는 위태로운 상황 앞에서도 기개를 잃지 않는 강단과 심지 있는 인품을 만드는 건 아닌가도 생각하고 있다. 내향적이란 것에 대해서도 말하자면, 타인과 어울리는 것을 꺼려해 대체로 비활동적이며 비사교적인 것을 선호한다는 의미는 굳이 아닐 것이다. 내향성은 인간의 자아 성찰이란 시간을 더욱 자연스럽게 가지게 함으로써 본질적인 인간의 성장과 발달에 비옥한 토양의 역할을 할 수도 있다는 것을 간과하지 말자.

  결론적으로, 보다 차원이 높은 삶의 희열과 보람의 성취에 있어 이런 외향성과 내향성의 적절한 배합은 중요하다 여겨지며 외향적이라 해서 사람들과의 어울림에서 에너지를 찾는다는 것도 단편적인 생각이고, 내향적이라 해서 혼자만의 시간에서 충족감을 가진다는 것 역시 짧은 생각은 아닌가 한다. 어떠한 가치관과 마음가짐을 지니느냐에 따라 특정한 상황을 대처하는 자세는 달라지며 그 자세는 때로는 외향적일 필요가 있고 때로는 내향적일 필요가 있다는 건 아닐까. 이 두 가지 성향이 적절히 조합되어야 인간으로서의 무르익음은 가능하고 그리하여 삶은 생기로 더욱 다채롭고 풍요롭게 될 수 있으리라 생각하고 있다.

37

한참 시간이 흘렀지만 예전에 본 미국의 김태연 회장의 다큐멘터리를 다시 보게 되어 그녀에 관한 이야기를 몇 자 적으려 한다. 한국에서는 잘 알려져 있진 않지만 김태연 회장은 "If You build, They will come."이라는 인상 깊은 말을 남긴 김종훈 박사와 견줄 만할 불굴의 의지로 억척스럽게 미국에서 남부럽지 않을 성공의 삶을 개척한 한국인이다. 그녀는 경상도의 외진 마을에서 태어났지만 여자라는 이유로 늘 구박만 받아 부모와 어른들로부터의 사랑을 모르고 자랐다. 그녀의 어머니는 딸을 낳았다는 이유만으로 시아버지에게 며느리 취급도 받지 못하고 매일같이 남편의 폭력에 시달리며 살아야 했다고 한다. 김태연 회장은 어머니의 허구한 날 맞는 모습에 매일같이 눈물을 달고 살아야 했고, 그녀의 오빠는 어머니를 때리는 아버지에게 대들다 끝내는 아버지에게 주먹을 휘두르게 되고 어른들의 질타와 아버지를 때린 죄의식에 못 이겨 어린 나이에 자살로 생을 마감하게 되었다는…. 김태연 회장은 이를 보고 집을 뛰쳐나갈 결심을 하고 외삼촌에게 틈틈이 배운 태권도를 더욱 깊게 수련하기 위해 산속의 절에 들어가 태권도를 수양하게 된다. 한국 전쟁이 터지고 얼마 뒤 김태연 회장은 미국이란 나라를 우연히 듣게 되고 22살의 나이에 도미하게 된다. 버몬트의 백인 중심의 동네에서 트레일러에 삶의 터전을 마련한 김태연 회장은 중학교의 청소부 일로 연명하며 고달픈 미국의 삶을 시작한다. 당시엔 인종 차별도 흔하고 신장이 150cm도 안 되는 듣도 보도 못한 동양의 어린 아가씨에게 백인들의 시선은 차갑기 그지없었다. 영어가 유창하지 못해 도화지에다 "저의 이름은 김태연입니다. 저는 친구가 없어요. 당신의 진솔한 친구가 되도록 기회를 주세요."란 말을 쓰고 백 군데가 넘는 집의 대문을 노크하면서 자신을 소개하고 다녔다고 한다. 백인들은 별 이상한 아이를 다 보겠네 하며 냉대하다 김태연 회장의 몇 달 동안의 꾸준한 태도와 노력으로 차츰 마음의 문을 열어 대화를 나누고 쿠키도 나누는 등 인간적으로 접근하게 된다. 꾸준히 진실되게 백인들에게 자신을 어필하면서 중학교에서 태권도를 가르치게 되는 기회를 얻고 서서히 미국 사회에 적응하기 시작한 김태연 회장은 미군을 만나 결혼을 하게 되지만 인종 차별로 가족들에게 냉대와 소외를 받고 유산을 하게 되며 끝내는 자궁암에 걸려 자궁을 들어내기까지 한다. 절망을 마주하여 이혼 후 다시 거리로 내몰리게 돼 홀로가 된 이후부터 김태연 회장의 드라마틱한 진짜 삶은 비로소 시작되는 것이다. 자식을 낳을 수도 없고 자신을 사랑해 주는 남자도 없는 절박한 현실에 키 150cm도 되지 않는 단신의 동양 여자는 길거리에서 방황하는 아이들을 하나둘씩 거두면서 보살피게 된다. 마약을 하거나 집이 없어 노숙을 하는 아이들을 백인, 흑인, 남자, 여자 가리지 않고 사랑을 못 받을 바엔 사랑을 나눠 주자는 심사로 태권도를 가르치고 아이들을 다독이며 이끌고자 결심을 한다. 돈이 없어 먼지털이 청소부로 연명하며 아이들을 키우던 중 아이들이 컴퓨터 오락에 빠져 사는 걸 보고 '우리의 미래가 컴퓨터 산업에 있을지도 모르겠구나.'라는 깨달음으로 아이들에게 컴퓨터를 마음 놓고 이용하게 하고 공부하게 하는데, 여기서 삶의 커다란 전환점이 마련된다. 조금씩 시작한 컴퓨터에 대한 공부가 쌓여 아이들은 본격적으로 컴퓨터 장비와 소프트웨어를 만드는 사업을 시작하게 된다. 사업은 점차 성공적으로 성장해 나가고, 실험실이나 수술실에서 미세 먼지를 제거하는 장비를 개발하는 '라이트 하우스'란 이름의 회사를 세우게 되며, 이 회사는 미국 100대 우량 기업 중 하나로 발전을 하게 되는 것이다. 김태연 회장의 훈육이 있으면서 교육자적인 계몽과 감화에 영향받아 아홉 명의 입양된 미국 자녀들은 김태연 회장을 스승이자 피를 나누는 어머니로 모시고 있고 그녀를 중심으로 화목하며 열성적으로 다수의 회사를 건실하게 운영하고 있다. 김태연 회장은 따로 태권도 도장을 건립하기도 하여 방황하는 청소년과 길거리의 학생들을 추스려 모아 무료로 태권도를 가르치며 삶의 희망을 전도하는 불굴의 작은 거인으로 미국의 주류 사회에서도 인정받고 존경받는 한국인이 된 것이다. 작은 키에 아기 같은 외모로 당신의 옛날의 어머니를 회상할 때면 순진한 소녀처럼 하염없이 눈물을 흘리시는 김태연 회장. 인간 정신의 위대함과 보다 큰 의미의 사랑을 몸소 실천하며 인종을 초월한 하나의 휴머니즘을 보여 주시는 김태연 회장은 현대의 각박한 시대에 귀감이 되기에 모자라지 않을 것이라는….

38

한 사람에게 권력이 독점되는 기형적 사회주의와 공산주의는 그 독재자 혹은 권력자에게 있어 인간이 가지는 흉물적이며 추악하고 극단의 이기적인 모습들이 주변으로부터의 견제의 결여로 여과 없이 드러나곤 하는데, 여기서 정치와 역사에 있어 비극과 추태는 시작되는 것은 아닌가 생각한다. 자신의 권력을 위해, 혹은 국가의 부강을 위한 명목으로 사회를 병들고 부패시키며, 반기를 들거나 순진했던 사람들을 무참히 괴롭혀 왔던 권력자와 지도자들은 아마도 잔혹한 압살과 처형으로 점철되는 그들만의 통치의 방식으로 두려움과 공포를 조장해 왔다. 이에 대해선 앞서 언급한 기형적 사회주의와 공산주의에서 그 배경과 뿌리를 찾을 수 있지 않을까. 그렇다면 수많은 지독한 학살과 숙청, 그리고 폭압으로 역사에 한 비극적 획을 그어 왔던 못나고 악랄한 지도자들의 특성은 무엇일까. 아무래도 그들 특유의 모진 의지와 독기를 가지게 된 배경에는 암울하고 불우한 성장 과정이 있다고 하는데, 그들이 겪은 개인적인 불행과 아픔들이 시간이 지나면서 의식과 가치관의 점진적 비틀어짐을 만들고 그들이 속해 왔던 정치 시스템과 사회에 대한 뿌리 깊은 원망과 불만을 품게한 근간이 아닌가 생각해 볼 필요가 있다. 힘들고 불우한 환경에서 성장한 대부분의 사람들이 시간이 흘러가며 의식과 가치관의 변형과 왜곡으로 엉뚱한 사람이 된다라는 섣부르고 경솔한 판단은 할 수 없어도, 인간이란 모두 다르기에 어떤 종류의 일부에게는 해당되는 말이라 생각하는 것은 무리는 없을 듯하다. 아무리 험난한 시련과 고통의 시간들이 사람의 그릇을 더 크고 반듯하게 해 주기보다 대부분의 그릇을 더욱 찌그러트려 놓는다고 생각할 수 있겠지만, 어렵고 험난한 성장 과정을 거치고도 나중에 훌륭하고 귀감이 되는 인물들도 적잖게 있어 온 건 아닌가…. 아무래도 그 못나고 악랄한 권력자들은 좀 더 독기 있는 시기와 질투, 원망을 품게 되어 어느 정도의 성취와 권력을 가지게 된 후 어두움의 에너지를 발산하게 되는 그런 개인들은 아닌가. 그리하여 두려움과 공포로 사람들을 억누르는 통치와 정책을 펼치게 되며 그들에게 투영된 두려움과 공포가 결국엔 자신에게도 속박이 되는 일종의 굴레가 되어 끊임없는 불안과 의심으로 자신뿐만 아니라 주위의 사람들을 초조하게 하는 것은 아닌지. 그럼으로써 굴종과 아첨은 만연하게 되는 것이고 권력자 혹은 지도자로서의 혜안과 통찰은 멀어지게 되는 것은 아닌가. 그러다 보면 능력 있고 진솔하고 도움이 되는 부하나 조언자들은 도태되거나 사라지게 되고, 교활하고 간계한 무능한 인물들에 둘러 싸여 미래도 없고, 비전도 보이지 않으며 전략이 부재하는 정책들로 하여금 기이하고 볼썽사나운 사회적 현상들이 생겨나게 되는 건 아닌가 생각해 볼 필요가 있다. 아울러 사회 구성원들 간에 편이 갈리고 난투극 형식의 영역과 자리 싸움에 사회는 알게 모르게 병들고 피폐해져 가는 것도 아닌가를 생각해 보자. 전쟁과 학살, 폭압으로 현대 사회를 시끄럽게 한 히틀러를 비롯한 스탈린과 모택동은 그들 스스로가 전략가이며 혜안이 있는 통치자와는 거리가 먼 인물들임이 분명함에도 그들이 기용한 참모와 조언자들은 대부분이 아마추어의 틀을 벗어나지 못했다는 사실은 그들이 지도자로 있을 때에 어떻게 나라가 무너지고 고약하게 변질되었는가를 짐작하게 하는 데 커다란 참고가 될 수 있다고 생각하고 있다. 그들의 삶의 시작과 과정에서 겪은 정신적 고통과 상처가 권력이란 수단을 통해 기형적이고 편집광적인 모습으로 구체화되어 수많은 사람들의 생명을 앗아 가고 사회와 국가의 미래를 저당 잡히게 하며 더 나아가 인간이 가지는 어두움의 극대화를 자극하여 역사와 문명은 주저하며 방황하게 되는 것은 아닌가. 여러모로 우여곡절을 겪으며 마련한 우리가 현재 영위하고 있는 자유민주주의도 완벽하다 말할 수는 없으나, 무엇보다 서로 똑같을 수 없는 인간이 사는 곳이기에 언제나 갈등은 존재하며 문제는 발생할 수 있다. 하지만 자유, 평등, 인권, 박애의 가치와 미덕이 보존되는 자유민주주의의 체계 속에 우리는 개인으로서의 땀 흘리는 삶의 연속과 개성이 존중되고 발현되는 사회의 구성원으로서 각각 나름의 공헌과 기여의 여지는 있을 수 있고 그리하여 개선과 발전, 성숙으로 가는 토대와 길을 만들 수 있는 건 아닌가. 이러한 토대와 길 위에 이제 우리는 수많은 사람들을 고단하게 해 왔으며 절망하게 해 온 공산주의 혹은 기형적 사회주의에 대해 좀 더 냉철하고 날카로운 비평적인 시각을 가져야 할 시간이 필요한 건 아닌가. 하루하루 가뜩이나 고단하고 피로한 우리네 삶에서 짊어지고 가기엔 무겁고 부담되는 거북한 짐들은 이제 그만 벗어 버리는 건 어떨까. 세상과 인간에게는 모두 명암이 있기에 우리는 끊임없이 갈등하고 고민할 수밖에 없다. 그렇다고 인간이 지닌 큰 부분의 모순과 어두움을 굳이 힘들게 부둥켜안고 갈등하며 더 이상 걸어갈 필요가 있나. 가뜩이나 버겁고 쉽지 않은 삶, 질척거리는 무거운 발걸음에서 조금이라도 벗어나자는 말이다.

39

                    1969년 5월 10일부터 열흘 동안 벌어진 미군과 북베트남군 사이의 처절한 살육으로 점철된 베트남의 울창한 계곡에 위치한 937고지를 점령하는 전투가 있었다. 7년간의 긴 베트남전에서 무수히 많은 위험한 작전과 지독한 전투가 있어 왔지만, 그 937고지를 점령하는 전투에서의 유독 구별되는 참혹하고 악몽과도 같은 시간과 과정은 '햄버거 힐 전투'라는 다소 자조 섞인 오명의 평판을 낳게 하는 배경이 된 건 아닌가. 왜냐하면, 그 도륙으로 얼룩진 937고지에서 비참하게 널브러진 수많은 시체들의 모습은 마치 햄버거 패티 안의 다져지고 으깨어진 고기 조각들을 연상시키기에 '햄버거 힐 전투'라고 불리게 된 것이라는 이야기가 있기에.

여기서 햄버거 힐 전투를 언급하는 이유는, 이로 하여금 미국은 왜 베트남에서 이 전쟁을 지속해야만 하는가를 본격적으로 갈등하고 고민하는 계기가 되었기 때문이다. 아직도 베트남전에 대한 역사적 평가와 교훈은 50년이 지난 시점에서도 의견이 분분하다고 할 수 있을 것이다. 거슬러 올라가 조심스럽게 들여다보자면 왜 아이젠하워 대통령과 케네디 대통령은 미국의 베트남에 대한 개입의 문제로 서로 반목하게 되었는가. 왜 케네디 대통령의 암살 사건에 있어 베트남전이 하나의 음모론으로 추측을 나돌게 하는 배경이 되었는가. 왜 케네디 대통령의 서거 이후 대통령이 된 린든 존슨은 재선을 지나 다음 대통령 선거까지 전쟁을 지속했는가. 왜 베트남전을 마무리해야만 한다는 국민적 여론과 정치적 판단이 명확했음에도 불구하고 닉슨 대통령은 베트남전을 연장시켜 더 많은 사상자를 낳게 할 수밖에 없었던가. 적지 않은 수의 사람들이 이러한 의문들을 품게 되고 여전히 지금까지 회자되고 있기는 하지만. 그 누구로부터 이에 대해 이해하기 쉬운 대답이나 납득할 만한 설명이 나오리라 기대하는 것은 어려운 일이라 생각된다. 나는 베트남전이 무모하고, 무의미했고, 단순히 낭비와 희생으로 점철된, 역사와 기억에서 지워버리고 싶은 그러한 전쟁이었다고는 말하고 싶지는 않다. 그 전쟁의 시간과 과정 속에서 무수한 죽음과 아픔, 고통과 고뇌가 있었기에 분명히 교훈은 있을 것이며 나름의 의미를 찾는 것은 어렵지 않으리라 생각하고 있다. 단순히 전쟁은 지옥과도 같은 경험이고 극단에 가까운 비극이기에 이러한 이유로 전쟁은 일어나지 말아야 한다고 말하는 것도 조심스럽다. 그렇다고 가치를 재발견하기 위해, 혹은 더욱 공고한 안위와 평화에 근접하기 위해 전쟁을 때로는 해야만 한다고 말하는 것도 결코 쉽지 않은 일이다. 전쟁은 때로는 문명이 긍정으로 가는 방향에 있어서의 목적과 명분이 있다면 나름의 합리화와 정당성을 이끌어 낼 수 있는 경우도 있겠지만 교훈과 의의가 될 수 있는 그 합리성과 정당성을 상기하기 위해서는 그에 상응하는 막대한 희생과 시련을 대가로 지불해야만 함을 우리는 이미 알고 있으며 앞으로 더욱 인지할 필요가 있다는 건 두말할 나위가 없다. 이런 생각을 해 보자. 그 지독하고 끔찍한 전쟁이 끝난 후, 우리는 감격과 보람, 그리고 성취의 눈물을 흘리게 될 것인가. 아니면 그 무시무시한 악몽과도 같은 전쟁의 끝자락에서 우리는 알 수 없는 깊이의 허무와 절망으로 두 무릎을 꿇고 쓸쓸하게 때로는 절규하며 눈물을 흘리게 될 것인가를…. 다른 한편으로도 어차피 죽게 될 목숨이라는 것을 인지한 전장의 비장감 서린 병사들의 인상에서, 그리고 평화협정에 임하는 고위 관리의 웃음이 묻어나는 이해하기 어려운 표정에서 일종의 절망적인 아이러니함을 발견하고 "인간은 대체 무엇이냐?"라는 질문에 우리는 다시 고개 숙이며 낙담하게 되는 것은 아닌가….

인간은 어떤 식으로든 싸우며 앞으로 나아가야만 하는 파이터와도 같은 숙명의 존재이기도 하다. 일상의 삶 안에 우리가 흘리는 땀에서, 이런저런 각개의 사회적 갈등과 소란 속에서, 더 나아가 생존과 이득을 위한 첨예한 국가적 마찰 속에서 우리는 가야 하고자 하는 길에 있어 제대로 진지하게 고민하고 있는가. 만약 우리가 그 길 위에 있다면 주위를 다시 한번 둘러보며 그 방향을 점검하고는 있는가. 그리고 그 방향이 맞다고 하더라도 우리는 인내를 가지고 묵묵히 한 걸음씩 발걸음을 만들고 있는가를 생각해 보자. 그 무겁지만 묵묵한 발걸음의 연속에서 우리는 우리가 기대하지 못한 뜻밖의 진전과 변화를 이끌어 낼 수도 있지는 않겠는가. 때로는 우리가 겪게 될 발전과 도약은 묵묵히 전개되는 인내의 직진 속에서 우연히도 기대치 않은 시점에 발생할 수도 있다는 것을 말하고 싶다.

40

　　　　　　　　　　토니 스콧 감독의 〈스파이 게임〉이라는 영화가 있다. 장르에 있어서는 정보부 요원들의 두뇌 싸움과 활약을 다루는 스릴러 영화로 분류되지만 나에게는 색다른 로맨스의 운치가 잔잔히 깔려 있는 영화로 기억된다. 베테랑 CIA 요원인 로버트 레드포드는 은퇴를 하루 남기고 있는 상황에서 예전 자신이 키우던 정보 요원인 브래드 피트가 중국공안당국에 체포되어 사형을 당할 위기에 처해 있다는 사실을 듣게 된다. 이에 관한 논의로 정보국 비상 대책 회의에 불려 간 로버트 레드포드의 브래드 피트에 대한 회상은 베트남전에서 해병대 저격수로 복무를 하던 그의 남다른 기질과 근성을 발견하여 자신의 부하로서 발탁하는 인연의 형성에서 시작된다. 서독과 레바논을 오고 가며 위험하고도 은밀한 작전 임무를 수행하는 두 요원은 서로의 가치관의 불일치로 결국에는 각자의 길을 가게 되고, 한동안 소식이 끊겼지만 미국 정부와 중국과의 미묘하고 예민한 외교 관계를 둘러싸고 중국에서 간첩 혐의로 감옥에 갇힌 브래드 피트의 사형이 24시간 안에 이루어진다는 나쁜 소식을 듣게 되는 것이다. 비록 스릴러 형식의 영화임에도, 여기서부터 한동안 밑에 가라앉아 있었지만 고생과 성취를 같이한 기억 때문인지 사라지지 않은 의리와 신의로 점철되는 두 남자의 로맨스는 차분하며 긴장감 있게 불거져 나온다. 한때 자신을 멘토로 여기며 믿고 의지하던 브래드 피트의 비극을 마주하여 로버트 레드포드는 그를 중국의 감옥에서 구출해야 한다는 결정으로 앞뒤 재지 않고 그동안 모은 모든 은퇴 자금을 중국의 관리를 매수하는데 쓰고, 구출 작전에 있어 해군 특수 부대의 투입을 명령하는 CIA 수장의 서명까지 위조하는 대담함을 보여준다. 무엇보다 로버트 레드포드가 브래드 피트에게 유감스럽고 미안해하는 것은 레바논에서 구호 활동가로 봉사를 하고 있던 브래드 피트의 사랑하는 여자, 엘리자베스 해들리를 거래의 일환으로 중국에게 넘겨주었던 것이 아닐까 하는 부분은 영화 속의 대사를 보며 짐작하기에 어렵지 않다. 본국인 영국에서 브래드 피트의 여자, 엘리자베스 해들리는 중국 대사관의 테러와 연관되어 있어 왔고 이에 관한 정보를 알고 있던 로버트 레드포드는 중국의 정보 요원들로 하여금 그녀를 납치하도록 도

왔다는 사실은 그가 얼마나 정보부 요원으로서 냉철하고 단호한지를 보여 주는 부분이다. 이에 관한 뒷이야기가 회상의 형식으로 나오게 되고, CIA 비상 대책 회의에서 한 관리가 로버트 레드포드에게 이런 말을 한다. "You must have underestimated bishop' feeling for her." 로버트 레드포드는 브래드 피트가 연인에게 품고 있던 감정을 과소평가했다라는…. 브래드 피트는 자신의 목숨과 안전을 뒤로하고 과감히 그의 여전히 사랑하는 여자 친구가 갇혀 있는 중국의 감옥에 침입하고 구출하려 하지만 불행하게도 작전은 실패로 끝나고 체포되어 24시간 안에 사형을 앞두고 있는 것이다. 브래드 피트가 형장의 주검이 되기 직전 로버트 레드포드는 그만의 노련함과 기략으로 미 해군 특수 부대를 가용하여 중국의 감옥에서 사형을 앞두고 있는 두 남녀를 구출해 내게 되는데, 이 작전을 'Operation Dinner Out'이라고 명명하는 데 있어 또 하나의 반전과 감흥이 있다라는 거…. 왜냐하면 이 작전의 코드 네임은 예전에 오로지 로버트 레드포드와 브래드 피트 사이에서만 주고받은 말이기 때문이다. 구출 작전은 무사히 성공하고 미 항공모함으로 귀환하는 헬기에서 브래드 피트는 조종사가 작전 임무 성공을 전달하는 무전에서 'Operation Dinner Out'이라는 코드 네임을 듣게 되고 조종사에게 다시 한번 큰 목소리로 묻는다. "Operation Dinner, What?" 조종사는 다시 큰 목소리로 대답한다. "Operation Dinner Out, Sir!" 조종사의 대답을 듣고, 감옥에서의 구타와 학대로 만신창이가 된 브래드 피트의 얼굴은 무언가를 알았다는 듯 순간 침묵하며 굳은 표정으로 고개를 떨군다. 이런 와중에 나란히 비행하고 있는 두 번째 헬기 속에 탑승하고 있던 브래드 피트의 여자, 엘리자베스 해들리는 만신창이가 된 그의 얼굴을 마주하게 되고 순간 손으로 입을 막으며 차오르는 안타까움에 눈물을 흘리며 흐느끼게 된다는….

겉으로만 본다면 〈스파이 게임〉이라는 스릴러 형식의 영화는 감성과 낭만과는 거리가 먼 영화 같지만, 극중 인물들의 짧지만 여운이 있는 대사와 비록 순간이지만 농도 있는 정서가 물씬 느껴지는 인상 깊은 장면을 놓치지 않고 본다면 이보다 더 폭발적으로 꿈틀거리는 감흥이 서린 정서를 느끼게 하는 영화는 많이 있겠는가 생각을 해 본다. 새벽의 여명을 배경으로 하여 두 구출 헬기는 고요하고 바람이 없는 어두운 바다 위를 비행 중이고 다이어 스트레이트의 〈Brothers in Arms〉 노래는 흐르며 나지막하고 잔잔한 마크 노플러의 우수 짙은 음성에서 보는 이로 하여금 다시 한번 침묵하며 고요 속에서 지그시 눈을 감게 하는 영화의 마무리가 여전히 기억에 남는다.

41

　　　　　　　　　　　　　우주 개척과 여행에 있어 소명 의식을 가지고 있는 듯한 자세로 투자와 연구에 몰두하는 세 명의 억만장자가 있다. 블루오리진의 제프 베이조스, 스페이스X의 일론 머스크, 그리고 버진 갤럭틱의 리처드 브랜슨이 아마도 대표적인 인물들이 아닌가 한다. 2021년 7월 11일, 버진 갤럭틱의 리처드 브랜슨은 본인을 포함하여 6명의 승무원들을 태우고 지구의 대기권을 벗어나 우주의 초입새에서 아름답고 장엄하며 푸르른 지구의 경관을 둘러보고 성공적으로 귀환하여 세간의 이목을 끈 바가 있다. 이 성공적이며 기념이 될 수 있는 우주로부터의 귀환은 상업용 우주 비행과 우주 관광의 개시를 알리는 시금석이 될 수 있으며 멀지 않은 미래에 우주는 충분히 주의를 기울일 만한 잠재성 있는 시장과 산업이 될 수 있으리라는 짐작을 가능케 한다. 한편으로는 과연 이것이 많은 돈의 투자를 불러일으켜 수익적인 면에서 크나큰 기대를 가질 만한 새로운 산업이 될 것인가는 아직 더 지켜봐야 할 필요도 있으며 여전히 적잖은 사람들이 의문과 회의를 품고 있음은 사실일 수도 있다. 그러나 지구와 멀리 떨어져 있지 않은 거리의 우주 비행과 여행의 시작점을 바탕으로 더욱더 머나먼 거리의 이동을 가능하게 하는 비행선 또는 탐사선의 개발이 앞으로 마주해야 할 숙제와 목표가 된다면 우리는 좀 더 다른 시각으로 이 청사진을 바라보아야 할 필요가 있지 않을까 생각하고 있다. 더욱이 이를 중심으로 하는 과학과 기술의 발달이 앞으로의 문명의 발전과 연관된 미래의 자원 확보에 대한 탐색에 초점이 맞추어져 있다면 이야기는 많이 다를 수도 있지 않을까라는 생각도 해 본다. 잠시 거슬러 올라가 살펴보자면, 원래 지구 자체는 그저 바위와 돌덩어리의 집합체나 다름없는 그런 척박하고 황량한 행성이었다는 과학계의 연구가 있다. 물론 정말 운이 좋게도 바다와 물, 그리고 대기가 있어 생명체가 살기 좋은 조건의 행성으로 변화되어 왔고, 인류는 문명의 발전을 거듭하면서 지구의 자원과 금속의 효용성과 유용함을 발견하게 되어 온 건 아닌가. 놀랍게도 인류가 오늘날 가용하는 여러 금속과 자원들은 원래는 지구에 존재하지 않았다는 과학계의 보고가 있다고 한다. 수십억 년 전, 수천억 개의 소행성이 지구와 충돌하여 그 소행성에 박혀 있던 중요한 금속과 자원들이 지구에 녹아내려져 우리가 흔히 아는 금, 은, 아연, 철 등등이 문명의 발달과 함께 발견되어 왔고 오늘날의 편의 있는 일상을 누리는 데 있어 커다란 기여를 하고 있다는 건 의심의 여지가 없다. 안타깝게도 문명의 발전과 함께 이런 중요한 금속과 자원은 고갈 중이며 자원 확보에 있어 인류는 이제 우주 저 편을 바라봐야 할 시점은 아닌가 생각해 볼 필요는 있지 않겠는가. 그렇다고 까마득하게 떨어져 있는 정체 모를 저 어딘가의 행성으로 자원 탐사를 가는 건 아닐 것이고, 과학자들의 연구와 조사에 의한 바, 지구 근처의 소행성 무리에서 자원을 발굴하는 것은 미래의 어느 시점에 가능할 것이라고 말이 모아지는 데에 있어 우리는 귀추를 주목할 필요가 있지 않나 싶다. 이와 관련하여 우주 관광과 우주 비행을 둘러싼 열의 있는 연구와 산업의 형성은 지구 밖, 멀리 떨어져 있지 않은 우주 어딘가의 자원 탐사에 있어 일종의 의미심장한 토대와 중대한 시험의 장이 될 수 있으리란 건 어렵지 않게 추측이 가능하지 않을까.

여담이지만, 40년 전 나온 리들리 스콧 감독의 〈에일리언〉이라는 영화에서 시고니 위버가 탑승한 자원 탐사선도 정부와 연계된 거대한 민간 기업을 배경으로 한다는 사실은 시사하는 바도 있으며 흥미로운 부분이 아닐 수 없다. 지금으로서는 우주여행과 우주 개척에 대한 비전이 일부 돈이 넘쳐 나는 갑부들을 위한 사치성 유희처럼 보일 수도 있겠지만, 역사적으로 획기적인 사업과 시장을 일구어 온 서두에 언급한 억만장자들이 단순히 그들만의 독특한 취미와 흥미로만 우주를 바라본다는 생각은 어리석을 수도 있지 않을까. 보다 확장된 수익과 영속적 이익 구도의 블루 프린트와 로드 맵의 일환으로 우주 관광, 우주 개척은 일종의 인간이 다시 서는 새로운 시발점이고 문명의 또 다른 도약을 이루는, 지금은 미약하지만 중요한 토대가 될 수 있다는 것을 곰곰이 생각해 볼 필요가 있다. 마지막으로 또 다른 예를 들어 본다면, 무모한 모험과도 같았던 한국의 경부 고속 도로 건설과 미국의 1950년대 해안의 끝에서 해안의 끝을 연결하는 프리웨이의 건설은 그 당시 수많은 고민과 반대, 회의론과 어려움이 있었음에도 불구하고 오늘날의 자유로운 여행과 나름 윤택하고 풍요로운 삶을 가능하게 하는 데 있어 결정적이며 커다란 역할을 해 온 건 아닌가. 지금으로서는 대다수의 사람들은 우주 개척과 우주여행이 우리네 일상과 너무 동떨어져 있어 그다지 관심과 흥미를 불러일으키기에는 어려울 수도 있겠으나, 우주의 비행을 가능케 하는 과학과 기술의 발전과 더불어 우주 저편으로부터 또 다른 종류의 자원과 금속의 확보는 미래의 어느 시점에 또 다른 종류의 일상과 이상을 우리에게 선사할 수 있는 커다란 전환점이 될 수 있으리란 기대는 해 볼 만할지도 모른다. 불과 100년도 지나지 않은 우리가 닦아 놓은 길과 도로가 앞으로 수백 년을 더 우리가 영위하는 사회를 이롭게 한다면, 머지않은 미래에 선구자들이 닦아 놓을 우주를 향한 개척은 향후 수천 년간의 문명의 발전과 이로움에 뜻하지 않게 지대한 공헌과 기여를 하게 된다는 것을 누가 알겠는가.

42

　　　　　　　　　　　　　　　2021년 8월 21일, 미국의 메이저 리그에서 주최하여 얼추 30년이 지난 영화인 〈꿈의 구장〉을 현실로 재연하고자 이벤트성의 야구 경기가 이루어 졌다. 실제 영화에서 배경이 된 고즈넉하면서 평화롭게 펼쳐진 드넓은 옥수수밭에 마름모 모양의 야구 경기장을 짓고 1910년대의 유니폼을 착용한 시카고 화이트 삭스 선수들과 뉴욕 양키스 선수들이 경기를 치르며 8,000명의 관중들을 상대로 흥분과 열광 그리고 설레임과 향수를 선사한 것이다. 30년 전에 개봉된 영화 〈꿈의 구장(Field of Dreams)〉은 일단 야구에 관한 영화지만 야구를 배경으로 한 등장인물들의 잃어버린 꿈에 대한 동경, 회한, 아직 살아 있는 듯한 열정 그리고 사랑하는 가족에 관한 이야기는 아닌가 생각하고 있다. 주인공으로 나오는 케빈 코스트너는 한적한 아이오와의 시골 마을에 옥수수를 경작하는 농장을 운영하며 어린 딸과 아내와 함께 풍족하진 않지만 만족하며 소소한 일상을 보내는 가장이다. 하루하루 고단하지만 나름 평범한 일상을 보내는 케빈 코스트너는 어디선가 마치 환청 같은 음성으로부터 "If You Build it, He will come."이라는 말을 이따금씩 듣게 된다. 어딘가로부터 들려오는 목소리지만 오로지 케빈 코스트너에게만 들리는 그 음성으로 하여금 의문과 회상으로의 궁리와 시름 끝에, 어떤 주어진 수수께끼를 풀어야 한다는 마음으로 그의 전 재산이나 다름없는 옥수수밭을 밀어 버리고 아무도 찾지 않을 것만 같은 고적하고 외딴 장소에 야구장을 지을 결심을 하게 된다. 식구들을 먹여 살려야 함을 걱정하고 농장 운영의 재정적 문제로 파산에 대해 고민하는 케빈 코스트너는 주변으로부터 이상한 사람이라는 비아냥을 뒤로하고 사랑으로 의지가 되는 가족들의 도움과 부축으로 끝내는 야구장을 짓게 되는데, 황량하면서 쓸쓸하게 펼쳐지는 텅 빈 야구장을 바라보며 추억에 잠기고 묵상에 잠기며 현실을 걱정하기도 한다. 그러던 어느 날, 텅 빈 야구장에서 해질 녘의 노을을 바라보는 케빈 코스트너는 길이 나지 않은 옥수수밭 한가운데서 야구복을 입은 채 나타나는 한 남성을 만나게 된다. 그 남성은 자신을 조 잭슨이라고 소개하며, 케빈 코스트너와 잠시 동안 야구 플레이를 하게 되는데, 그는 꿈을 이루지 못한 채 세월과 함께 사라진 화이트 삭스의 전설적인 타자 조 잭슨이라는 사실을 케빈 코스트너는 알게 된다. 잠시 동안의 야구 플레이가 끝나고 라이트가 켜진 텅 빈 야구장에서 두 남자는 이야기를 나눈다. "야구장 고유의 내음, 울림들과 얼굴 앞의 글러브, 환호하는 관중, 야간열차와 추억이 묻어나는 마을 안의 호텔들…." 야구에 대한 추억, 기억, 아쉬움, 그리고 그리움들…. 케빈 코스트너는 조 잭슨에게 묻는다. "If you build it, He will come."의 목소리가 당신이냐고. 조 잭슨은 대답한다. "아니야, 그 음성은 자네의 목소리야…."

그날 이후로 조 잭슨은 다른 7명의 선수들을 데리고 와 이따금씩 야구를 하며 소란스럽게 떠들기도 하고 웃기도 하며 천진난만하게 즐거운 시간을 보내게 된다. 어느 날 조 잭슨은 케빈 코스트너에게 묻는다. "Is this Heaven?" 케빈 코스트너는 대답한다. "No…. It's iowa."

그 8명의 선수들이 야구 플레이를 끝내고 옥수수밭으로 홀연히 사라질 때면 케빈 코스트너는 그 조용하고 정적이 흐르는 텅 빈 야구장에서 회상에 잠긴다. 야구는 그에게 특별한 스포츠였고, 추억이었으며, 아픔이었다는…. 그리고 그 아픔의 한가운데는 돌아가신 아버지와의 아쉽고도 애틋한 관계가 있었다는 것을. 케빈 코스트너는 생각한다. 그의 아버지는 시련과 좌절로 낙담하며 그만의 평화와 위안을 찾지 못한 채 스스로를 속박하지 않았나 하는…. 그러나 그도 한때는 순수했고 해맑았으며 야구로의 열정으로 가득 찬 꿈 많은 젊은이였다는 것을…. 그러던 어느 날 텅 빈 야구장에 젊고 잘생긴 야구복을 입은 한 청년이 나타난다. 가족과 함께 있던 케빈 코스트너는 멀리서도 그가 자신의 아버지란 것을 직감한다. 순간 케빈 코스트너는 낮은 목소리로 혼잣말을 한다. "Ease his pain. 그를 다독여 줘." 그 청년은 케빈 코스트너에게 다가와 멋진 야구장을 만들어 준 것에 대해 감사를 표현하고, 이름은 존 킨셀라라고 밝히며 자신을 소개한다. 케빈 코스트너의 아내는 만나서 반갑다며 인사를 하고 둘만의 시간을 보내도록 자리를 비운다. 그들은 담소를 나누는 시간을 가지게 되고 케빈 코스트너의 아버지는 잠시 텅 빈 야구장을 둘러본 후 케빈 코스트너에게 묻는다. "Is this Heaven?" 케빈 코스트너는 답한다. "No, It's iowa." 이윽고 케빈 코스트너는 그의 아버지에게 묻는다. "Is there heaven?" 그의 아버지는 대답한다. "물론 있지. 당신의 꿈이 실현되는 곳이 천국이야." 아버지의 말에 케빈 코스트너는 자신의 뒤에 있는, 가족들이 저녁 식사 준비를 하고 있는 아담하고 소박한 집을 바라본다. 떠날 채비를 하는 그 청년에게 케빈 코스트너는 순간 부탁한다. "Hey, Dad. You Wanna have a catch?" 아버지인 그 젊은 청년은 대답한다. "I'd like that." 두 남자는 라이트로 불 밝혀진 조용한 야구장에서 공 주고받기를 하며, 이윽고 어두운 저녁의 야구장으로 들어오는 길고 긴 차량의 행렬을 줌아웃하는 장면으로 영화는 마무리 된다.

케빈 코스트너가 들은 "If you build it, He will come."이란

그 신기루와 같은 환청은 어쩌면 케빈 코스트너 내면에서부터 울려 왔던 간절한 바램이고 희망이지 않았을까…. 그 환청 같은 목소리에 조용히 귀를 기울이고 케빈 코스트너는 용기를 내어 모험을 한 것이고, 이에 대한 귀결은 옥수수밭으로부터의 8명의 야구 선수들의 꿈을 이루게 한 선의를 베푼 것이며 궁극적으로 케빈 코스트너 자신도 아쉬운 작별을 한 아픈 기억으로의 아버지와의 만남이 이루어지고 그의 상처받은 영혼을 보듬어 주게 된다. 여담이지만, 영화에 대한 여러 가지 소감 중에서 이런 인상적인 말이 하나 있다. "세상에는 두 종류의 사람이 있지. 〈꿈의 구장〉의 마지막 장면을 보고 운 사람과, 울지 않았다고 거짓말을 하는 사람." 개인마다 느끼는 감흥과 여운의 깊이는 다르겠지만, 그만큼 내심 감추고 싶은 정서와 서정성을 자극하는 영화가 아닌가라는 생각이 든다. 한편으로는 영화는 보는 이로 하여금 주위의 시선과 수군거림을 뒤로하고 자신의 내면에 귀를 기울이고 진득한 마음으로 가고자 하는 길을 간다면 좋은 결과가 이루어질 수 있다는 메시지와 함께 우리의 앞날에 대한 전망과 해답은 어쩌면 우리가 속으로만 삭혀 온 그런 회한과 후회, 아쉬움, 그리고 미련 등에서 그저 과거의 일이라 단순히 치부하지 말고 무언가 교훈이나 의미를 반추함으로써 성장의 원동력을 삼으라는 이야기를 전해 주는 건 아닌가 한다. 이런 의미에서, 인간의 성장과 본질적 삶의 진전은 각자가 가지고 있는 고통과 아픔, 그리고 회한을 인지하고 극복하는 과정에서 시작하는 건 아닐까. 인간은 아픔으로 성숙한다는 말이 있지만, 다른 표현으로는 인간은 아쉬움과 후회를 승화시킴으로써 성장하는 것은 아닐까….

43

논란의 여지는 있겠으나, 가장 위대한 업적을 이룸과 동시에 가장 비극적 생애를 살다 간 미국의 정치인이자 대통령은 에이브러햄 링컨이 아닌가 한다. 미국이 오늘날의 강력하고 단합된 연방 국가로서의 초석을 다지게 된 배경에 있어 역사를 거슬러 올라가 살펴보자면 아이러니하게도 62만 명의 사상자를 낸 시민전쟁에서 무언가를 살펴볼 만한 것이 있지 않나 생각된다. 같은 국민들 간의 그토록 참혹하고 지독한 전쟁의 과정 속에서 링컨은 그 중심에 있었고 그가 결단한 전쟁의 필연성으로 하여금 어쩌면 그의 비극적 생애도 운명이었던 것은 아닌가. 자유와 인권은 미국이란 나라가 세워진 것에 있어 필요한 명제였고 명분이었으며 이로 인해 독립 전쟁이라는 피의 역사로 미국의 뿌리는 시작된 것은 아니었을까. 흑인 노예 제도를 유지하는 데 있어 부각되는 자유와 인권의 문제는 미국이란 나라가 세워진 배경과 명분에 있어 모순이 되는 부분이 있었고 이 모순으로 인해 고민해야 하는 미국이란 나라가 가지고 가야 할 가치관과 도덕적 시금석은 링컨 대통령에게는 분열이었고 위선이었으며 장래에 대한 암울함은 아니었을까 생각하고 있다. 그가 옳다고 생각하는 나라가 지향해야 할 도덕적 잣대의 정립과 이에 상충되는 노예 제도에 관한 이념의 다름에서 발생한 연방 국가의 파열에 대한 문제는 운명적으로 그가 해결해야 할 무겁고도 고통스러운 과업이었으며 어쩌면 링컨 대통령 특유의 피골이 상접한, 음울하며 시름을 앓는 듯한 짙은 고뇌의 인상을 낳게 한 배경이 되지는 않았을까. 연방 국가의 존립과 미국이 참고해야 할 도덕적 나침반의 설정을 두고 그가 제창한 게티즈버그의 연설에서의 "국민의, 국민에 의한, 국민을 위한 정부"라는 말은 아마도 자유와 인권에 대한 바람직한 개념의 정립이 만인을 영구히 평화롭고 이롭게 하리라는 그만의 깊은 믿음과 신념에서 비롯하지는 않았나 생각하고 있다. 그의 이러한 거국적 대의는 어쩌면 시간이 지나면서 많은 미국 국민들을 감화로 이끌게 하고 전쟁에 참여한 병사들이 그들의 복무 기한을 완료했음에도 자발적으로 복무 기한을 연장하여 다시 참전함으로써 거룩하다고 할 만한 그들의 피 흘림과 희생으로 그토록 참혹한 시민전쟁이 연방군의 승리로 귀결되지 않았나 하는 생각도 해 볼 필요가 있지 않을까. 하루하루 수많은 생명이 사라지는 지독하고도 참혹한 전쟁을 목격하며 비록 그는 한 나라의 대통령일지라도 하루하루 눈을 뜸과 동시에 시작되는 시름과 시련들은 차라리 잊고 싶은 고통의 세월들이었으며 전쟁을 결단해야만 했던 리더로서 가지는 그만의 중압감과 죄책감들은 "이 또한 지나가리라."라는 그만의 좌우명에서 그나마 위안을 찾았던 건 아닐까 생각한다. 시민전쟁이 한창이던 즈음. 전장의 한 야전 병원을 방문한 링컨은 병상에 누워 있던 부상당한 한 병사를 만나게 된다. 그 병사는 자신은 원래 남부의 연합군 소속이었는데 링컨 대통령의 자유와 인권에 대한 대의에 감화되어 노예 해방의 명분을 지닌 연방군에 자원 입대했으며 부상으로 비록 전투에 참가는 하지 못하지만 링컨 대통령에게 건투를 빈다며 악수를 청한다. 이에 링컨 대통령은 그의 악수를 청함에 "영광입니다."라 대답하며 그는 비록 대통령일지라도 존경의 눈빛과 자세로 그 병상의 군인을 대한다. 연방 국가의 존립과 노예 해방을 위한 전쟁이었지만 흑인들 역시 전투에 참가해 수많은 활약과 희생을 했다는 사실도 또한 괄목할 만한 부분이다. 그 배경이 어찌 되었든 흑인들은 그들의 자유와 인권을 위해 전장에서 쓰러져 갔으며 총탄에 한쪽 팔이 잘려 나갔음에도 남은 한 팔로 미국 국기를 들며 참혹한 전장으로 포효하며 전진했다는 사실은 한편으로는 미국이 지향하는 가치의 상징은 아닌가. 수많은 사상자를 낳은 4년간의 시민전쟁이 연방군의 승리로 귀결됐어도 율리시스 그랜트 총사령관은 승리를 기념하는 어떠한 행사나 시가행진을 금지하고 조용히 묵상에 잠기며 시가를 연달아 피웠다는 사실과 아울러 한때 반역으로 규정한 남부 연합군을 전쟁이 끝난 후 포용과 화해로 다시 통합과 번영으로 가자는 링컨 대통령의 리더십은 어찌 보면 미국이 지향하고 지키고자 하는 일종의 숭고함과 미덕은 아닐까. 그리고 이러한 숭고함과 미덕은 보편적 가치관을 매개하는 미국 특유의 고유한 정신과 영혼을 상징하는 건 아닐까 라는 생각을 해 본다. 이런 의미에서 링컨 대통령은 번영과 발전의 토대가 되는 연방 국가의 존립과 만인을 이롭게 하는 자유와 인권이 성장하는 발판을 마련했다는 사실을 넘어서 어쩌면 미국이 숙명적으로 지키고 지녀야 하는 고유하고도 특유한 어떤 '혼Spirit and Soul'을 뿌리 깊이 심어 두고 그 생애를 마감한 것은 아닌지 생각해 보는 것은 어떨까. 다른 문화의 나라들과 구별되는 그 미국 특유의 고유한 '혼'이 어쩌면 오늘날의 미국을 이루게 한 바탕은 아닐까 하는 생각과 아울러 제도와 법치, 그리고 문화와 관습을 논하기 이전에 그보다 더 앞서는 중요한 결정체를 이야기하자면 그 국민들 개개인의 가슴속에 흐르고 간직되는 독특하고 두드러진 '혼'에 대한 문제를 응시할 필요가 있다고 말하고 싶다. 이와 관련하여 자유와 인권을 이야기하는 데 있어 단순히 제도적이며 법치의 차원에서의 개념을 말하기보다 자연스럽게 인지되고 감화되는 '혼'이라는 정체성을 그 근간의 중심에 두고 생각해 보는 것은 어떨까. 미국 뉴욕 항의 리버티 섬에 세워진 사시

사철 홀로 서 있는 그 웅장한 자태의 자유의 여신상을 한편으로 상기해 보자. 자유와 기회, 그리고 인권을 찾아 들어온 타국으로부터의 수많은 이민자들은 번영과 풍요로서의 미국의 대지를 먼저 목격하는 것이 아니라 홀로 우뚝 세워진 자유의 여신상을 우선 목격하게 되는데, 흥미롭게도 그 자유의 여신의 인상은 자애롭고 인자한 어머니 같은 표정이 아니라 무언가 음울하며 고통으로 시름하나 나름 비장한 각오의 강단 있는 인상은 아닌가…. 이는 어쩌면 자유와 인권, 그리고 평화와 기회는 싸워 헤쳐 나가면서의 분투를 필두로 하는 도전과 성취를 의미하고 내포하는 건 아닐까. 링컨 대통령의 음울하고 시름에 잠긴 고통을 인내하는 듯한 그만의 인상은 다소 과장이 섞인 비유일 수는 있으나 리버티 섬에 홀로 우뚝 서 있는 자유의 여신상에서의 그 무거운 듯한 표정과 인상에서 무언가 공통적인 것을 찾을 수 있지 않을까 생각하는 바램이 있다. 어쩌면 인간이 지니고 지켜야 할 자유와 인권, 그리고 평화와 기회에 있어 이에 대한 기대와 갈망으로 얼굴이 자연스레 밝고 환해지게 되는 것이 아니라 그에 대한 쟁취와 도전, 그리고 개척에 대해 해야만 하는 일에 있어 어떤 의무감과 사명으로 자연스레 얼굴이 무거워지며 인내와 시련을 각오하는 표정이 나오는 건 아닐까 생각이 든다. 사람만이 지니게 되는 늠름하면서도 중후한, 그리고 각오와 결의가 배어나는 듯한 특유의 눈빛과 인상에서 어쩌면 인간은 평범을 벗어나거나 초월하는 어떤 높은 차원의 고상함이 내재되어 있는 건 아닌가. 어쩌면 인간 안에 내재되어 있는 한 차원 높은 고상함이나, 어떤 비장한 듯한 고결함이 사회와 문명의 진일보를 이루는 데 있어 모멘텀의 역할을 하지 않나 한편으론 생각하고 있는 부분이다.

44

숀 코너리의 〈붉은 10월〉과 덴젤 워싱턴, 진 해크먼의 〈크림슨 타이드〉는 한때 잠시나마 잠수함 함장이 되고 싶은 꿈을 꾸게 한 영화들이다. 암흑의 우주와도 같은 심연 속에서 함장은 백 명이 넘는 선원들을 통솔하며 잠수함의 항해를 진두지휘하고 고도의 지략, 전술, 배짱 그리고 카리스마로 적 잠수함과 한 방으로 끝이 나는 목숨을 건 대결을 펼치며 긴장과 초조함으로 심해를 항해하는 잠수함의 운명을 쥐고 있다. 〈붉은 10월〉에서는 숀 코너리의 카리스마 넘치는 핵 잠수함 함장의 모습에서 고도로 지적이며 거칠고 고독한 바다의 사나이 인간상을 발견했다. 이 영화로 하여금 단순히 한 방으로 끝이 나는 숙명을 가슴에 묻은 '갑판위의 제독'이 되고 싶기보다 백 명이 넘는 탑승 선원들이 유기적인 한 팀을 이루어 그 한가운데서 작전마다 지혜와 현명함으로 목숨을 건 항해를 책임지는 핵 잠수함의 함장이 멋있어 보였고 이는 내게 바다를 꿈꾸게 하고 아득하나마 어떤 이상적 남성상을 꿈꾸고 가지도록 자극을 주지 않았나 생각된다. 여하튼 이건 어렸을 때의 이야기이고, 보다 현실적인 차원에서 핵 잠수함의 위용과 함장이란 직책에 대해 나름 진지하게 생각을 자극한 영화는 〈크림슨 타이드〉가 아닌가 한다. 내 기억으로 영화는 다음과 같은 말로 시작한다. "세상에서 가장 파워 있는 사람은 세 명이다. 하나는 미국의 대통령, 그리고 소련의 서기장, 마지막으로 핵 잠수함의 함장이다." 영화의 배경이 된 시대에는 핵미사일 발사 권한이 대통령과는 별도로 핵 잠수함 함장에게 독립적으로 주어졌다는데 물론 상부로부터의 명령 체계도 무시할 순 없겠지만 핵 잠수함 함장의 권한이 그만큼 컸다는 얘기일 것이다. 간부 식사 중 함장 진 해크먼과 부함장 덴젤 워싱턴이 핵전쟁에 관한 토론을 한다. 진 해크먼은 일본을 향한 핵폭탄 투하에 대한 정당성과 필연성을 얘기하며 대량 살상 무기의 잠재적 효용성에 대해 역설한다. 부함장인 덴젤 워싱턴은 함장 진 해크먼의 논리에 선뜻 부정하진 않지만 "핵전쟁에서 승자는 없다."라 말하며 "진정한 승자가 있다면 핵전쟁 그 자체이다."라는 말을 한다. 어쩌면 덴젤 워싱턴의 이 말은 영국의 철학자 버트런드 러셀의 "War does not determine who is right, only who is left."란 말처럼 전쟁이란 아무리 그럴듯한 명분이 있더라도 결국엔 오로지 쓸쓸하게 남는 자들만을 결정짓는 파멸과 몰락 그 자체라는 의미와 일맥상통하지 않을까. 더욱이 상륙 작전과 공수 작전의 필연성과 중요성이 뒤로 물러나는 현대 혹은 미래의 전쟁 양상을 고려해 볼 때 핵무기와 같은 대량 살상 무기의 사용에 대해 촉각이 곤두서는 시대를 우리는 마주하고 있지는 않은가. '핵무기의 아버지'란 별칭의 핵 이론 물리학자인 로버트 오펜하이머는 일본에 투하된 두 방의 원자 폭탄(Little Boy, Fat Man)의 무자비한 파괴력을 보고 난 뒤 과학자로서의 사명과 그 결실에 대한 모순적인 부분에 있어 절망과도 같은 회한과 슬픔으로 삶을 쓸쓸히 마감했다는 것은 익히 알려진 사실이다. 그럼에도 불구하고 핵무기의 개발은 시간과 순위의 문제이기에 한때 열정과 흥분으로 시작된 개발이 굳은 침묵으로 마무리가 되었음에도 그는 핵무기 개발의 결정에 있어 후회는 없다고 말한다. 핵무기의 참혹한 파괴력이 세상에 알려지고 오펜하이머는 "나는 이 세상을 산산이 조각내는 죽음의 신이 되었다."라고 고백할 때 그는 단호하고 엄중하며 근엄한 인상으로 의견을 말하는 것이 아닌 초점 없는 텅 빈 시선의 무기력하며 낙오자와 같은 무감각의 인상으로 말했다는 것은 미래와 후세대들에 대한 걱정과 염려에서 비롯한 것은 아닌지. 핵무기의 개발이 필연적인 수순이었다면 이에 대한 반론의 언급은 결코 쉽지 않으며 아울러 핵무기가 존재하지 않는 세상을 만들자는 말도 이상에 가까운 말이기도 하며 한편으로 모두가 핵

무기를 소유하여 서로 조심하는 긴장의 세상을 만들자는 말 역시 위험하고도 과격한 생각은 아닌가. 이러한 견지에서 이상은 가질 수 있으나 현실적인 해답을 찾는 것은 무척이나 쉽지 않은 일일 것이다. 그렇다면 적어도 우리가 가져야 하고 고민해야 하는 생각이 있다면 무엇일까. 결국에는 우리 스스로의 내면을 응시해야 하고 인내해야 하며 세상을 통찰해야 하는, "시험에 들게 하지 마시옵고 다만 악에서 구하옵소서."란 주위에 흔히 있는 문구에서 무언가 실마리를 찾아야 하지는 않을까. 이러한 일종의 기도하는 마음의 자세와 바램만이 개인의 일상에서부터 허튼 길로 가지 않는 자신을 찾는 것이고 넓은 의미에서 세상과 문명은 가고자 하는 혹은 결국엔 가게 될 저 좁은 길로 들어서게 되는 열쇠와 이정표의 역할을 하게 되지는 않을까 생각하고 있다.

45

      2021년 유럽의 남서부에 위치한 프랑스와 스페인의 국경 지대인 피레네 산맥에서 실종된 한 영국 여성의 유해가 9개월 만에 발견된 일이 있다. 그녀는 오랫동안 사귀어 온 남자 친구가 있었고 그들은 유럽 전역을 대부분 함께 여행하며 자전거와 등산 같은 취미를 공유해 왔지만 때로는 각자가 자신만의 시간을 갖기 위해 홀로 여행하는 시간을 가지곤 했다. 여자 친구가 어느 날 홀로 등산을 가고 며칠이 지나도록 그녀로부터 연락이 끊어지자 그녀의 남자 친구는 점차 걱정이 되기 시작했고 연락이 두절된 후 결국엔 돌아오기로 한 날짜가 지나자 그녀의 남자 친구는 실종 신고를 하게 된다. 피레네 산맥은 프랑스와 스페인의 국경 지대인지라 양국의 경찰과 구조대 심지어 군부대와 일반 등산객까지 동원되어 수색이 진행되었으나 험한 지형과 함께 변덕적인 궂은 날씨로 어딘가에 있을 그녀의 유해에 대한 수색은 난항을 겪게 된다. 결국엔 그녀의 남자 친구는 홀로 수색에 나설 결심을 하고 험준한 피레네 산맥을 샅샅이 뒤지며 여자 친구의 유해를 찾는 고독한 모험에 나서게 되는데, 그 목숨을 건 장엄한 여정은 1,130km의 산길을 헤매게 되며 5개월의 결코 짧지 않은 절박함과 안타까움의 시간 뒤에 끝내는 여자 친구의 유해를 발견하게 된 것이다. 누군가는 여자 친구의 유해를 찾는 그 남자의 비장한 결의와 노력을 두고 불멸의 아름다운 사랑이며 헌신적 애정이라 칭송하며 찬탄할 수도 있겠지만 한편으로는 사랑을 언급하기에는 모호한 구석이 있지 않나도 생각된다. 어쩌면 그녀의 남자 친구의 목숨을 건 희생과 모험은 안타깝지만 이미 떠나 버린 사랑의 아쉬움을 뒤로 한 후 불행하게 인연을 달리하게 된 한 인간에 대한 마지막 남은 신의와, 외롭고 추운 산속의 어딘가를 헤맬 그녀의 영혼을 달래는 일종의 인간적 경건함은 아닌가 생각되기도 한다.

미국은 2차 세계 대전을 끝내고 전사자들의 유해를 일일이 감식하고 판별하여 5년이란 시간을 들여 그들을 묘지에 안장했으며, 1973년 실종자와 전사자를 찾는 합동 사령부를 설립한다. 비용과 시간에 국한하지 않고 세게 어느 곳이든 전쟁에서 사망하거나 실종

된 미군 장병들의 유해를 찾아오려는 노력은 여전히 계속되어 오고 있고 그들의 좌우명이 "You are not forgotten."과 함께 "Until they are home."이란 사실은 시사하는 바가 적지 않다. "우리는 나라를 위해 목숨을 바친 당신들을 결코 잊지 않을 것이다."라고 강조한 로널드 레이건 대통령의 약속과 다짐, 아울러 해외에서 인질로 잡힌 미국인들을 구출할 때 투입된 특수 부대의 인질을 확인하는 "Are you American?"이라는 방법과 절차는 미국인들이 그들만의 독특한 애국심으로 그 나라의 시민임을 자랑스러워하고 그 50개 제각각의 주들이 하나의 큰 단단한 나라를 이루게 하는 근간 중에 하나가 아닐까 생각되기도 한다.

여담이지만 록 그룹 '져니(Journey)'의 〈Faithfully〉이란 노래는 사랑하는 가족과 여자를 떠나 짧지 않을 것만 같은 여로의 한가운데에서 그 그리움과 애틋함을 애정과는 다소 어감이 다른 신의Faith란 제목으로 감성을 표현한다. 사랑이란 것은 아름답기도 하며 낭만적이기도 하지만 어쩌면 그 의미를 완성하거나 충족시키는 마지막 보루는 신의는 아닌가. 사랑이란 것은 감성과 감정으로 압축되거나 요약되는 일종의 반 영속적인 정서일 수 있지만 거기에 인간적인 어떤 철학과 지속되는 가치가 투영할 필요가 있다면 그 마무리는 신의가 바탕이 되어야 하지 않나 하는 생각이 든다. 신의야 말로 인간에 대한 사랑을 더욱 인간적으로 고유하게 하는 것이며 어쩌면 '휴머니즘'의 근저에는 인간에 대한 사랑보다도 인간에 대한 신의가 먼저 자리 잡고 있는 건 아닌가 생각하고 있다.

46

 2016년, 13개 나라로부터 1천여 명의 과학자가 참여한 레이저 간섭계 중력파 관측소(LIGO) 연구팀은 서로 다른 위치에 있는 2개의 관측소에서 중력파의 존재를 탐지했다는 발표를 한다. 이로써 1915년 아인슈타인의 일반 상대성 이론에서 예측했던 중력파의 존재를 검증하여 밝혀내는 쾌거를 이룬 것이다. 아인슈타인은 "중력이 변하면 시공간도 휘어지거나 틀어질 수 있으며 여기서 발생한 중력의 파장은 거대한 우주 공간에 끝없이 퍼져 나간다."란 주장을 했으며 100년이 지난 시점에서 현대의 천문학자들은 이 중력파의 탐지로 천문학 연구의 새로운 창이 열리게 되었다며 흥분하고 있다. 우주가 생겨난 원리와, 미지와 신비로 미궁 속의 난제이던 블랙홀의 생성 과정의 비밀을 한 차원 용이하게 접근할 수 있는 수단을 확보했다는 것에 있어 과학자들의 열광과 감탄을 짐작할 수 있지 않을까 생각된다. 중력파의 검출로 아인슈타인의 상대성 이론은 다시 한번 검증이 된 것이고 현대 물리학에 있어 아인슈타인의 위상과 업적은 다시 한번 강조해도 지나치지 않을 만큼 기념적인 것은 분명하다. 아인슈타인의 연구와 이론은 우리가 문명의 이기라 부르는 현대의 수많은 발명품과 과학 기술의 진화에 지대한 영향을 끼치며 인류의 삶을 변화시켜 왔고 더 나아가 인류의 미래를 우주의 지평선 저 너머로 염두에 두도록 인간의 삶과 생명의 본능을 자극해 온 건 아닌가…. 이와는 별도로 아인슈타인의 유산과 업적에 있어 개인적으로 의미 있다고 생각하는 바는 그가 후세대들에게 자연과 우주 그리고 세상이 돌아가는 데 있어 어떠한 일정한 법칙과 일종의 방정식이 존재하리라는 생각을 남겨 준 건 아닌가 한다. 이러한 법칙과 방정식은 모든 사건에는 원인과 결과라는 인과 관계가 성립하며 이를 통해 우주와 만물을 근원적으로 이해할 수 있으며 거시적 차원의 우주이든 미시적 차원이 세상이든 일정한 법칙과 수식으로 설명하고 관찰할 수 있으리라는 생각은 아닌가 여겨지고 있다. 이런 의미에서 어쩌면 아인슈타인은 "신은 주사위 놀이를 하지 않는다."라는 말을 함으로써 확률과 불확정성의 물리적 세계관을 부정하고 사건과 현상의 원인과 결과를 파악하고 계산하여 무언가를 예측할 수 있으리라는 물리학의 관점을 주창하게 된 것은 아닌가. 그리하여 그는 거시적이든 미시적이든 우주와 만물을 하나의 일정한 법칙과 방정식으로 설명하려 하는 통일장 이론을 연구하려 하였고 그 과정에 있어서 연구의 진행과 이론의 정립이 실패에 가까운 난항을 겪으며 우주 만물에 대한 경외와 신비를 신God으로 간주하며 어느 시점에 우주와 세상 그리고 생명을 '기적'이라는 시각과 종교의 마음으로 바라보게 된 것은 아닌가 생각하고 있다. 그럼으로써 자신을 과학자를 넘어 한 예술가로서 우주와 만물을 경외와 신비로의 상상력으로 품게 된 것은 아닌가 한편으로 생각되기도 한다.

얼추 30년 전 개봉된 〈포레스트 검프〉라는 영화에서 톰 행크스는 낮은 지능과 불편한 다리로 마주하게 되는 힘든 운명을 헤쳐 나가며 베트남전의 전쟁 영웅이 되기도 하고 사업적으로 크게 성공한 억만장자가 되기도 하며 본의 아니게 사람들에게 감화를 불러일으키는 영도자가 되기도 한다. 영화에서의 "난 가고 싶은 곳에 가기 위해 뛰었지만 그것이 삶의 기회가 될 줄은 몰랐다."라는 대사처럼 포레스트 검프는 주어진 운명에 대해 한탄하지 않고 순수하고 겸허하게 받아들이며 삶의 매 순간에 솔직하려 했고 복잡한 마음을 가지지 않으며 최선을 다하는 모습을 보여 준다. 포레스트 검프의 어머니는 홀로 아들을 키우며 "사람의 인생은 본래 불공평하며 이런 불공평이라는 함정에 빠져 세상만을 탓한다면 아무것도 이룰 수 없다."라고 마냥 여리고 인정 많은 포레스트 검프를 다독이며 조언한다. 그의 어머니는 포레스트 검프가 어릴 적에 그에게 이런 말을 들려준다. "인생은 초콜릿 상자의 초콜릿과 같아. 어떤 초콜릿을 먹게 될지는 모른단다." 어떤 초콜릿을 선택하느냐에 따라 맛이 달라지듯, 우리의 인생도 어떠한 선택을 하느냐에 따라 인생의 결과가 달라질 수도 있다는 말은 아닌가…. 삶의 과정에 있어 매사에 진심을 다하고 최선을 다해 온 포레스트 검프는 그 정직하고 노력으로 가득 찬 삶에 '보상'이 주어지는지…. 그는 어느 시점에 유명 인사가 되고 성공한 사업가와 자선가가 되기도 하지만 그가 평생 사랑해 온 한 여자와의 사랑의 결실은 그다지 아름답지 않다고 할 수 있다. 병에 걸려 고향으로 돌아와 포레스트 검프의 보살핌을 받으며 잠시만의 추억을 마지막으로 세상을 떠나게 된 제니의 묘 앞에서 포레스트 검프는 이렇게 읊조린다. "인생에 저마다 운명이 있는지, 아니면 그냥 바람 따라 떠도는 건지 모르겠어. 내 생각엔 둘 다 동시에 일어나는 거 같아."

  삶에 있어 대가를 치를 만한 일을 저질렀다면 대가를 치르는 것이고, 보상을 받을 만한 일을 했다면 보상을 받는 것이 삶의 큰 틀 안에서의 교훈이고 법칙이라 할지라도 일편단심 지고지순하게 한 여자만을 생각해 온 포레스트 검프에게도 사랑만큼은 맺어지지 않고 바람처럼 스쳐 지나가게 된 운명이었다는 것은 한편으로 삶이란 불확정성과 막연함으로 어떻게 이루어질지 모른다는 것은 아닐까. 베트남전에서 포레스트 검프와 인연을 맺은 댄 중위는 자신이 전장에서 죽을 운명이었다고 말하며 죽음의 문턱에서 포레스트 검프의 도움으로 목숨을 건지나 불구가 된 다리로 삶을 지속해야만 하는 자신의 상황을 보며 포레스트 검프를 비난하고 저주하며 욕설을 아끼지 않는다. 포레스트 검프가 새우잡이를 하자는 사업의 제안에 댄 중위는 선뜻 내키진 않았지만 삶의 마지막 선택이라 생각하며 망망대해를 향하는 어선에 몸을 던진다. 비록 새우는 잡히지 않지만 노을 지는 평온한 바다를 바라보며 잠시 묵상에 잠긴 댄 중위는 뒤돌아서 포레스트 검프에게 말을 한다. "지금껏 자네에게 살려 줘서 고맙단 말은 한 적이 없군. 고맙네. 내 목숨을 살려 줘서." 자신의 운명과 신세를 한탄하고 저주해 왔던 댄 중위는 포레스트 검프를 만나고 수년 동안 말하지 않았던 "고맙네."를 기점으로 그의 인생에 커다란 전환점이 시작된다는 것은 어쩌면 세상에 대한 탓을 그만두고 자신이 자기 스스로를 도움으로써 삶의 불확정성과 막연함이 의미 있는 보상과 축복으로 다가오게 되는 것은 아닌가 하는 생각이 들게 된다.

아인슈타인은 우주와 만물을 법칙과 방정식으로 이해하고 설명하려 했지만 자연과 세상에서의 미세한 부분까지 다루기에는 무리와 한계가 있어 그 역시 어느 시점에서 신God을 얘기하고 신비를 역설하며 과학을 예술로, 그리고 예술을 과학으로 여기는 마음을 품게 된 것은 아닌가…. 마찬가지로 세상의 돌아가는 일에 있어 큰 틀 안에서 어떠한 법칙이나 원리가 있다면 대가를 치를 일에 있어 대가를 치르는 것이고 보상을 받을 만한 일을 한다면 보상을 받게 되는 것이겠지만 때로는 불확정성과 막연함의 개입으로 어떤 부분에서는 삶의 앞날은 불투명하며 모르는 것은 아닌가…. 그럼에도 불구하고 삶과 생명, 자연의 이치가 어떠한 틀 안에서 일정한 법칙이나 원리가 적용된다면 이에 대해서도 존중과 겸허의 자세는 필요한 건 아닌지 생각해 볼 필요가 있다. 마지막으로 믿거나 믿지 않거나, 세상에는 물리학이 적용되는 세계와 비물리학이 적용되는 세계가 있을 수 있으며 보이는 세계와 보이지 않는 세계가 있을 수 있다는 것을 인지하는 건 어떨까. 신비와 베일에 가려진 듯한, 이면 속에 또 다른 이면이 있을 것만 같은 자연과 세상 그리고 우주에서 일어나는 일련의 사건과 현상 속에서 비록 우리는 우리만의 과학적 법칙과 수식으로 이해하고 설명하기엔 한계가 있더라도 예술과 상상 그리고 창의로 새로운 세상을 설계하고 발견할 수는 있지 않을까. 어쩌면 삶과 문명의 무한한 가능성은 아인슈타인의 삶의 말미처럼 예술을 이룬다는 마음가짐과 상상 속에서 더 큰 여지가 있는 건 아닐까 생각하고 있다.

47

　　　　　　　　　　인간은 사회적 동물이란 말이 있다. 가족과 친구와의 만남, 더 나아가 공동체나 사회라는 큰 틀 안에서의 구성원으로서 타인들과 맞춰 가기도 하고 어울리기도 함으로써 자신의 위치와 정체성을 이해하고 알아 갈 필요가 있는 존재이기에 사회적 동물이라고 스스로를 명명하지 않나 생각된다. 야생의 동물 세계에서도 각각의 개체는 스스로의 힘과 능력을 감지하는 부분이 있어 완력이나 호전성에 있어 구별되는 개체가 왕좌의 자리를 차지하기도 하며 그렇지 못한 개체는 쓸쓸히 소외되거나 도태되는 경우가 있는데, 무엇보다 인간의 사회처럼 제도나 룰 혹은 원칙이란 것이 없기에 야생의 동물 세계는 무자비한 면도 있지만 자연의 생태계적 측면에서 흥미로운 관찰과 연구의 대상이기도 하다. 다시 본론으로 돌아가 "인간은 사회적 동물이다."라는 주제로 얘기를 이어 가자면, 무엇보다 인간은 사회라는 제도권 안에서 먹고사는 문제가 절실한 유기적 관계의 동물이고, 어쩌면 어떤 부분에 있어 야생의 동물과 크게 다를 바 없이 먹고사는 문제로 하여금 삶과 존재의 희로애락이 있다고 해도 과언은 아닌가 싶다. 먹고살기 위해 인간은 회사 같은 조직 생활에 싫건 좋건 타인들 속에 자신을 끼워 넣어야 하는 면이 적지 않고 융통성이 있던, 성향이 맞든 혹은 능력이 있던 타인들과의 정서적, 유기적 관계에 있어 자신만의 공간과 위치를 아는 것이 중요하다는 것은 굳이 강조할 필요가 없을 듯하다. 만남과 모임, 그리고 공동체와 조직 생활에 있어 인간이기에 사랑이란 감정이 있기도 하며, 우정과 의리 혹은 신뢰와 믿음이라는 정서가 관계에 있어, 그리고 일에 대한 판단과 결정에 있어 중요하거나 특별한 의미가 있을 수 있다. 사회적 동물이기에 인간은 서로를 필요로 하기도 하고 서로에게 도움이 되는 경우가 있을 터인데, 서로를 대할 때에 자신의 빈 곳을 채우려는 갈망과 이기심으로 관계를 형성 하려 한다면 이는 자신뿐 아니라 상대방도 피로하고 고단한 길로 이르게 되는 양상이 발생하지 않나 생각되는 부분이 있다. 완벽하지는 않겠지만 우선 자신의 것을 먼저 채워 상대방에게 나누어 주려는 마음과 의지가 성숙하고 안정된 만남과 관계를 이루게 하는 데 튼튼하고 건강한 바탕이 되고, 더 나아가 공동체나 보다 큰 틀의 조직 안에서 각자로서의 의미 있는 구성원이 되는 데 기여하지 않을까 생각되기도 한다. 이러한 만남과 관계의 형성에서 친밀감 또한 괄목할 만한 부분인데 섣부르거나 가벼운 친밀감 혹은 친밀해지고자 하는 태도는 때로는 서로의 경계선을 허물고 침범하게 되고 이런 과정에서 개인의 일상은 피로해지기도 하며 생활이든 삶이든 갈등과 공허는 파고들고 개인들은 낙담하기도 하며 좌절하기도 하는 것은 아닌가. 인간은 서로 맞춰 주기도 하며 어울리기도 하는 사회적 동물이지만 혹시 그 전에 홀로임을 이용하고 때론 즐겨야 하는 고독한 존재는 아닌가. 인간은 사회적 동물이기에 때로는 홀로임이 어려운 경우가 있겠지만, 사회 안의 고독한 존재이기도 하여 혹시 각자만의 공간은 때론 필요한 것은 아닌지 생각해 볼 일이다. 그럼에도 인간은 더불어 살아가야 하는 사회적 동물이기에 관계 속에서 타인과의 갈등을 최소화하기 위해서는 타인 속에서 실마리를 찾기보다는, 자신 속에서 먼저 실마리를 찾아야 한다는 것이 사회적 동물로서의 인간이 고민해 볼 문제는 아닌지…. 실마리를 찾기 위해 고민한다는 것은 나름의 시간을 갖는다는 것이기도 한데, 인간은 사회의 고독한 존재이기도 하여 단순히 시간을 보내는 고독보다는 무언가 성취를 이끌어낼 수 있는 고독이 사회적 동물로서의 인간에게 필요로 한 가치이자 미덕은 아닌지 생각해 보는 것은 어떨까.

48

　　30년 전에 방영된 〈신비한 바다의 나디아〉란 애니메이션을 흥미롭게 본 기억이 있다. 특히 영화의 넌지시 암시하는 듯한 주제는 나이가 들면서 간혹 상기될 때 새롭게 느껴지기도 하는데, 더욱 흥미로운 것은 그 배경에 있어 고도로 발전된 아틀란티스의 문명인들과 지구의 인간들의 공존과 갈등, 그리고 그들 사이의 슬픈 결말로 점철되는 최후의 전투이다. 그 마지막 전투의 결말은 무언가 독특하며 애수의 정서를 자극시키는 노스탤지어 같은 기억으로 남아 있는 것 같다. 영화에서 아틀란티스 문명인들은 지구에 삶의 터전을 마련하고 이미 그곳에 살고 있던 인간들과의 평화스러운 공존과 발전을 모색한다. 그러나 지식과 기술을 전수받은 인간들의 배반으로 아틀란티스 문명인들을 노예화하고 세계 정복과 절대 권력을 쟁취하려는 인간들의 야욕에 아틀란티스 문명인들이 인간들에게 가진 기대와 이상은 무너지고 점차 소멸되며 사라질 위기에 처한다. 하지만 아틀란티스 문명의 왕좌에 있던 '네모'란 인물은 남은 전력을 모으고 얼마 남지 않은 승무원들을 소집하여 전투함장으로서 자신을 재정비하고 '뉴노틸러스'라는 최첨단 잠수함을 발진시킨다. 이는 파괴되고 무너진 아틀란티스 문명과 인간에게 희생된 사랑하는 가족들에 대한 죄책감과 책임감으로 마지막으로 결사 항전의 의지를 다지며 자신들을 배반한 인간들에 대한 일종의 복수이며 교훈의 의미일수 있을 것이라는…. 영화는 그 말미에서의 예기치 못한 반전으로 또한 주목을 끈다. 흥미롭게도, 배반을 일삼은 인간들은 그들에게 지식과 기술을 전수해 준 아틀란티스 문명인들보다 더욱 진보한 문명인이라고 생각해 왔지만 영화의 결말에서는 그들은 결국 한낱 '인간'이었다는 사실을 깨달으며 처참히 최후를 맞이하는 것이다. 힘겨운 최후의 전투에 뉴노틸러스 잠수함은 비록 무사하나 기동에 문제가 생기고 네모 함장은 자신의 딸 나디아와 승무원들을 무사히 지구에 귀환시키기 위해 홀로 남아 자폭을 선택하며 그의 딸 나디아에게 "이것이 아빠가 너에게 해줄 수 있는 유일한 것이야. 나디아! 어떤 일이 있더라도 꼭 살아야 한다!"라는 유언을 마지막으로 지구의 대기권 위에서 외롭게 장렬히 전사한다.

30년 전에 본 〈신비한 바다의 나디아〉란 애니메이션으로 서두를 풀어 썼지만 그 이유는 영화의 배경이 되는 아틀란티스 문명이 내게는 무엇보다 흥미롭게 느껴지기 때문이 아닌가 한다. 2,000년 전 그리스의 철학자 플라톤은 그가 저술한 《티마이오스》와 《크리티아스》에서 아틀란티스 대륙과 문명에 대해 이야기를 했다 하는데, 그가 실재한 아틀란티스의 증거와 유적을 바탕으로 이야기를 한 것인지, 아니면 그가 개인적으로 이상적이다 생각하는 문명과 사회를 전해 주고 모방하고자 창의력으로 쓰게 된 이야기인지에 관해서는 현재도 논란이 남아 있는 듯하다. 그러나 분명한 것은 아틀란티스 대륙과 문명에 관해서는 여전히 수많은 지질학자와 고고학자들 사이에서 흥미진진한 탐구의 대상이고 적잖은 시간과 자본을 투입하면서 아직까지도 연구가 진행되어 오고 있으며 증거와 유적의 발견을 위한 탐색이 이루어지고 있다는 것이다. 플라톤에 따르면 아틀란티스는 물질적으로 풍요로우며 풍부한 자원과 기술력, 뛰어난 문명을 바탕으로 번성하는 국가였다. 신과 인간이 평화롭게 공존하기도 하고 그 평화를 바탕으로 신과 인간의 혼혈이 구성원을 이루게도 되지만 문명이라는 것이 생성과 번영 그리고 정체와 쇠퇴의 과정을 겪는 게 일반적인 것처럼 그들은 낭비와 사치, 탐욕, 그리고 부패와 나태로 처음에 지녔던 신성하고 고귀한 '신의 속성'에서 천박하고 저속한 인간의 '밑바닥의 속성'으로 변질되며 교만과 자만으로 점차적으로 문명을 하락시켜 결국에는 신의 노여움을 사 바다 밑으로 사라지게 된다는 것이 이야기의 요지는 아닌가 한다.

〈신비한 바다의 나디아〉라는 애니메이션 영화와 플라톤의 《티마이오스》와 《크리티아스》에서 서술된 아틀란티스는 허구적일 수 있으나 공통적으로는 문명 사회의 번영과 갈등 그리고 쇠퇴로의 결말이 그려지고 있고 한편으로는 여기서 무언가 교훈과 동시에 흥미가 존재하기에 아직도 회자되는 건 아닌가 여겨진다. 문명이라는 것은 사랑과 평화 그리고 사람들 간의 신의로 번영하기도 하고 유지되기도 하지만 아이러니하게도 전쟁이란 비극과 고통을 통해 진화하고 발전되는 양상이 어느 부분에서는 있다라는 점도 현실에서의 우리가 느끼고 있는 시사성과 역사성을 비추어 볼 때 반추해 볼 만한 것은 아닌가. 세계 대전을 겪으며 1억 2천만 명의 인구가 사망했지만 세계는 자유민주주의의 의미와 가치를 더욱 중요하고 절실하게 깨닫게 되었으며 한국은 한국 전쟁을 겪으며 지독한 빈곤과 궁핍 그리고 피폐함의 바탕 위에서 세계 10대 경제 대국으로까지 발돋움 했다는 사실은 안타까우면서도 아이러니하지만 인간은 참상의 비극을 통해 나아지려 하는 자극을 찾게 되고 성취를 위해 고무되기도 하며 이상을 위해 전진하는 열정과 영감을 얻게 되는 건 아닌가 생각하고 있다. 그렇다면 '이러한 위에로의 전진과 도약을 가능케 하는 원동력은 무엇일까?'가 하나의 큰 관심이 아닐 수 없다. 수많은 교훈적인 가르침과 예시가 있을 수 있지만 개인적으로 하나의 큰 요점으로서 생각하고 있는 바는 무엇보다 '위에서 손을 내밀어 끌어올려 주는 마음과 자세'는 아닌가 생각하고 있다. 위에서 내려진 손을 진심으로 잡아 주고 올라가는 자의 마음과 자세 역시 중요하지만 한편으로는 밑에서 위에 있는 자를 끄집어 잡아 내리려 하는 안타까운 마음과 비루한 태도도 조심스럽지만 우리네의 마음 한가운데 있지는 않을까 생각하고 있다. 이와 마찬가지로 위에서 손을 내밀어 주는 자들이 주저하거나 갈등하는 마음을 가지거나 용기를 내어 끌어올려 주는 자들이 점차 사라지고 있는 건 아닌가도 역시 생각해 볼 필요는 있지 않을까 한다. 인간은 생명이란 것을 지닌 인격적인 생명체이고 생명이 있기에 삶은 존재하는 것이 아닌가. 삶이 생명이고 생명이 하나의 삶이 되겠지만 단순히 '살아 있음Being alive'이라 기보다는 '살아감Living through'이란 과정에서 삶과 생명의 의미를 음미해야 하는 건 아닌가 생각하고 있다. '살아 있음'보다는 '살아감'이 더욱 의미 있는 것이며 '살아감'을 의미 있게 충족시키기 위해서 무언가 해야만 하는 일이 있다면 어떤 면에서 인간에게만 주어진 '손'이란 것을 어떻게 쓰는가에 따라 '살아감'의 과정은 제각기 달라질 수 있는 건 아닌가 생각한다.

49

1941년 12월 7일 일요일. 미국의 진주만은 선전 포고 없는 일본의 기습적인 공습으로부터 5척의 전함이 격침되고 200대 이상의 항공기가 파괴되었고 2,400명의 미군이 희생되는 일이 일어난다. 루스벨트 대통령은 의회 연설에서 진주만 공습을 '치욕으로 기억될 날'이라고 명명하며 미국이 일본과의 전쟁을 비로소 준비하고 시작하자는 선언을 의회에서 해 주기를 요청한다. 무엇보다 개인적으로 괄목할 만한 것은 루즈벨트 대통령이 의회에서 연설할 연단까지 가는 과정에서의 그가 국민에게 보여 준 강단과 의지의 모습은 아닐까 생각한다. 보행하기에 불편한 두 다리로 항상 휠체어에 의지한 루스벨트는 의회의 연단에서 전쟁

선포를 요청하기에 앞서 그만의 남다른 의지와 강인함을 표현하고자 그의 아들 제임스와 경호원의 부축으로 힘겹게 두 다리로 이동하는 모습을 보여 주었고, 그의 한 걸음 한 걸음의 무거운 걸음걸이와 함께 진중하면서도 냉철한 그의 눈빛에서 어쩌면 언제 끝이 날지를 모르는 전쟁에 대한 부담과 깊은 책임감을 가슴에 두고 식구들을 돌보려는 한 집안의 아버지 같은 모습과 인상이 느껴지는 것은 아닌가 생각되기도 한다. "우리는 기필코 승리를 거두게 될 것입니다. 신의 가호가 있으소서…."라고 연설의 마무리를 지을 때까지 그는 비록 보조기와 특수 손잡이에 의지했지만 끝까지 선 채로 리더로서의, 그리고 한 어른으로서의 이미지를 보여 준 건 아닌가 생각하고 있다.

미 해군과 일본 해군의 태평양 전쟁은 더욱 치열하고 험난해지면서, 1944년 6월 20일 필리핀 군도의 어느 지점에 일본 함대가 배치되었다는 정보의 입수로 스프루언스 제독은 막막한 바다 위에 해가 지기를 몇 시간 앞둔 시점에 500km가 넘는 다소 위험한 작전 반경을 무릅쓰고 200대의 함재기를 출격시킨다. '어두움 저 너머로의 작전'이라는, 후에 다소 으스스한 별칭으로 불리우게 된 작전이지만 미 해군은 일본의 항모 3척과 항공 함대를 괴멸시키는 성과를 거두게 되고, 격렬한 공중전을 마치고 미 항모로 귀환하는 함재기들의 연료는 이미 소진되고 있었다는 사실은 태평양 전쟁에서 가슴 뭉클한 드라마를 만드는 한 부분이자 서두가 된다. 막막한 바다 위에

해가 지기를 몇 시간 앞두고 작전에 투입된 함재기들은 임무를 마친 후 그들의 귀환에 어둡고 적막한 바다가 기다리고 있었고 조종사들은 방향감을 상실하고 항모의 관제탑과의 송수신도 한동안 끊기면서 좌절과 절망 그리고 흐느낌으로 동요되는 운명의 비행을 하게 되는 것이다. 이미 연료가 바닥난 동료의 비행기들은 칠흑 같은 바다의 어딘가로 하나둘씩 사라져 가며 어쩌면 적들과의 치열한 공중전보다 고향과도 같은 항모의 갑판 위로 무사히 착륙하고자 하는 열망과 바램이 더욱 간절하고 가슴 떨리게 했던 것은 아닌가.

어둡고 적막한 바다 위의 지쳐 가는 운명의 비행에서, 갑자기 찬란하게 빛나는 듯한 선명한 불빛들이 미 함대의 전함들을 밝히게 되고…. 조종사들에게는 이 불빛이 고향과도 같은 집으로의 부름이 되는 불빛이며, 안도를 넘어서는 환희와도 같은 아름다운 빛은 아니었던가. 동료, 전우, 그리고 부하들의 무사한 귀환을 기원하며 마크 미처 제독은 불안하고 초조한 기다림 끝에 "Let there be light. 항모의 불을 밝혀라."라는 과감한 명령을 내린다. 일본의 잠수함이 어딘가에 도사릴 수 있는 어두운 바다의 한가운데에서 대낮과도 같은 빛을 밝히는 일은 어리석은 일을 넘어서 무모한 일이며 미 해군의 운용 교범에도 크게 벗어나는 일이지만 아이러니하게도 이러한 미처 제독의 결단은 미 해군의 전투 역사에 있어 가장 기념비적이며 인상적인 사건 중에 하나라는 것은 시사하는 바가 적지 않다고 생각한다. 간절한 마음으로 귀환하는 함재기의 조종사들은 동료이며 전우이고 부하들이지만 한편으로 미쳐 제독에게는 위험을 각오한 위태로운 불 밝힘에 있어 그들이 자식이며 아들과도 같은 '어머니의 마음'은 아니었을까…. 불행하게도 실종되거나 착함하지 못한 전투기와 조종사들이 있었지만 밤낮을 가리지 않는 수색과 구조 작전으로 더 많은 생명을 구할 수 있었고 비록 16명의 조종사와 33명의 선원들을 잃었음에도 불구하고 이 성공적이면서 위태로웠던 야간 작전은 험난한 태평양 전쟁에서의 인간적인 드라마이며 기적은 아닐까 생각하고 있다.

여담이지만 천안함 희생자를 둔 한 어머니가 2억 원에 달하는 유족 보상금과 성금을 해군에 기증하여 기관총 16정을 함정에 설치하도록 한 일이 있다. 나라를 위해 희생한 장병과 그의 유족들을 위해 모금된 의미심장한 돈이 다시 나라에 기부되는 뭉클한 모습이 어쩌면 일상의 평범으로 단순히 지나쳐 왔던 '어머니의 마음'이 다시 의미 있게 상기되는 것은 아닌가. 전쟁이란 일종의 비인도이며 소모이고 희생이지만 전쟁에서 승리를 원하거나 어떤 의미를 찾으려 한다면 간직해야 할 것은 간직해야 하고 지켜야 하는 것은 지켜야 하는 것은 아닌가. 전쟁이 불가피하여 동료와 전우를 위하는 작은 마음에서 전투는 시작되나 드라마와도 같은 의미 있는 전쟁의 시작과 마무리는 어쩌면 '아버지의 마음' 그리고 '어머니의 마음'과 같은 보살핌의 마음으로 끝이 나야 되는 것은 아닐까 한편으로는 생각하고 있다.

50

인간이 삶을 살아가는 데 있어 항시 만족할 만한 의미를 충족시키려 하는 거까지는 아니더라도 누구나가 어떤 목표나 소정의 목적의식은 가지고 살아가는 건 아닌가 생각된다. 척박하고 가난한 환경에서 성공을 이루어 풍요로운 생활을 하고 싶다거나 장애를 가지고 힘겹게 살아가는 어떤 이들에게는 주어진 신체적 어려움을 극복하며 정신과 의지의 우월성과 중요성을 알리고 싶어 하는 것과 같이 주어진 결핍과 부족을 보완하거나 상쇄하려는 마음으로 투지와 다짐의 자세를 되새기면서 사는 것이 땀과 보람의 가치를 알아 가고자 하는 일반 사람들의 삶의 평범한 모습은 아닌가 한다. 욕망을 절제하는 정신적인 수양의 삶을 영위하던 여유롭고 유복한 삶을 위한 경제적 성취를 갈구하던, 그리고 힘과 권력의 달성을 위해 매진을 하든 어쩌면 다들 겉으로는 아무 생각과 고민 없이 살기를 원한다 하지만 누구나가 어렴풋하면서도 소소한 일련의 목표는 가지며 살아가고 있다고 생각한다. 삶의 흐름과 과정 속에서 누구나가 어떠한 개인만의 목적의식과 목표를 가지고 있듯이 혹시 인간은 생명을 부여받고 태어나는 것에 있어 나름의 이유나 목적은 있지 않을까도 동시에 생각해 볼만한 문제는 아닌가…. 궁금하기도 하다. 세상에 인간으로 생명을 가지고 태어남으로써 가까이에서는 자신의 가족들, 그리고 사랑을 이루게 되는 반려자와 좀 더 공간을 사이에 두고 사회에서 만나게 되는 직장 동료와 친구들과의 관계 속에서 어떠한 목적과 파악하고 헤아려야 할 이유가 내포되어 개인의 삶의 흐름을 유의미하게 인도하게 하는 일종의 유일무이하면서도 고유한 제 각각의 과제와 나름의 소명이 존재하는 것은 아닌지 의아하기도 하다. 왜 이 형제와 부모가 나의 가족인지. 그리고 왜 이들 직장 동료와 친구들과 관계를 형성하고 유지하는지…. 이에 관한 이유와 배경은 저마다 다르겠지만 개인이 삶을 영위하는 데 있어 관계나 환경에서 갈등과 번민으로 살아감에 회의를 느끼거나 주저하고 싶을 때 우리는 잠시 멈춰 무엇인지는 불분명하고 어렴풋하나 어떠한 인과 관계가 존재하지는 않을까 고민할 가치는 있는 건 아닐까…? 그저 단순히 자신과 관계를 형성하고 유지하는 주의의 사람들과 세월 흘러가는 대로 수동적으로 부대끼며 사는 것보다 이들이 나에게 어떠한 의미이고 어떠한 존재인지, 혹은 내가 이들에게 어떠한 존재이며 의미인지는 적어도 목적을 가지고 지향하고자 하는 삶이 있다면 어느 시점에 필연적으로 고민해 보는 것도 현명한 것은 아닌가 생각하고 있다. 나로 인해 혹은 그들로 인해 서로에게 평온과 안정이 주어지는지 아니면 불행과 고통이 생겨나는지는 각자마다 고유의 환경과 조건 그리고 현실에 따라 다르겠지만 이에 대한 원인들이 모여 일종의 카르마Karma가 만들어지거나 주어지는지는 삶을 능동적으로 살아가려는 사람들에게 있어 고민해 볼 만한 문제는 아닌가 생각하고 있다. 왜냐하면 이들 카르마가 내 자신과 주변의 사람들, 더 나아가 집단을 구성하는 사회와 국가에 내밀하면서도 은밀하게 상호적으로 영향을 주고받게 됨으로써 잘되던 못되던 점차적으로 어떠한 큰 흐름의 결과가 생겨나지 않을까 생각되기 때문이다. 나로 인해 혹은 다른 누군가로 인해 불필요하거나 소모적인 차원에서 고통과 불행 그리고 신음을 야기시킨다면 이는 작게는 개인의 삶은 낙담으로 방황하게 되는 것이며 크게는 문화적으로, 사회적으로 그 구성원들을 아프게 하고 지치게 하는 피로와 병폐를 발현시키는 것은 아닌가 생각해 볼 필요도 있다. 한편으로는 이와는 다르게 개인 혹은 사회 구성원들이 각자의 삶을 유의미하게 충족시키기 위해 나름의 유익하고 건전한 목적의식과 삶의 태도를 가지고 살아간다면 악의와 부정, 병폐는 점차적으로 사라지고 선의와 정의 그리고 책임의 가치가 부각되어 방황하는 개인들은 줄어들며 사회와 국가는 선명한 방향성을 찾고 회복하며 전진하게 되는 것은 아닐까도 생각하고 있다. 이러한 견지에서 인간 개개인이 만들어 가거나 가지게 되는 카르마란 것은 비록 사소하고 지극히 사적인 것일 수도 있으나 그 인과성과 상호 관계성으로 인한 영향이나 여파는 하나하나 그 단편들이 모이면서 잔잔하면서도 깊은 울림과 파장의 변화를 만들어 내는 것은 아닐까? 카르마란 것이 삶에 있어 어떠한 특정한 파장과 변화를 발생시킨다고 단정할 수는 없으나 어떻게 형편과 시기에 의해 작용하는가에 따라 고통과 불행이 야기됨으로써 삶과 운명의 무게는 무거워질 수 있기도 하고, 때로는 극복의 과정에서 상처와 아픔을 치유하고 고통을 완화함으로써 평온과 평화를 구현할 수 있는 매개와 변수가 될 수 있다는 믿음과 생각을 가지는 것도 나쁘지는 않다고 생각하고 있다. 이러한 의미에서 각자가 마주하게 되는 시련과 불리에 대해 낙담하고 좌절하기에 앞서, 이 시련과 불리를 어떻게 해소하고 해결하기 위해 어떠한 나름의 과제와 임무가 주어진 건 아닌가에 관한 명제를 고민하는 것이 개개인의 성숙과 진전을 이루는 토대가 될 수 있지 않나 생각해 보는 것은 어떨까?

선택을 해야만 하는 삶의 갈림길과 막다른 골목에서 무언가를 해야만 하지 않으면 안 될 것 같은 절박함으로부터 카르마라고 느껴지는 것이 일종의 주어진 삶의 과제와 소명의식으로 확장되고 구체화되어 문화와 예술 그리고 과학의 분야에서 역사적으로 무언가 괄목할 만한 업적과 성취로 두드러진 것이 있다면 물론 적지 않은 예들이 있겠지만 개인적으로 하나만을 손꼽으라 한다면 미국의 음악가 '프린스Prince'라는 인물을 언급하고 싶다. 불우한 가정환경과 성장 배경, 그리고 신체와 건강상의 열세로 다소 남다를 수 있는 삶의 아픔과 고단함을 마주하며, 물론 재즈 피아니스트이던 아버지의 영향도 있었겠지만, 그는 음악가의 길로 가기를 결심하고 삶의 한 시점에서 나름의 소명 의식을 구체화하여 자유적이고 영감으로 가득 찬 창조성을 바탕으로 그가 전달하고자 하는 그만의 사랑과 구원을 기원하는 메시지와 함께 특유의 근면과 몰입으로 수많은 음악을 만드는 아티스트가 된다. 그에 관해 얘기하는 데에 있어 무엇보다 조명하고 싶은 것은, 프린스는 삶의 초입 길에서 마주한 그만의 좌절과 궁핍, 차별과 외로움으로 인한 부정적 정서를 뒤로하고 자칫하면 잘못된 방향으로 비껴갈 수 있는 삶의 진행을 바로잡고자 그늘졌던 삶의 한 부분을 정리하여 새로운 화해와 시작을 상기하는 의미로서 〈퍼플 레인(Purple Rain)〉이란 노래를 만든다. 퍼플 레인(Purple Rain)은 이런 차원에서 나름 기념비적이며 남다른 영감이 느껴지고 끝없이 펼쳐질 것만 같은 인상적인 연주와 멜로디로 세상의 많은 사람들의 기억과 가슴에 남아 있는 것은 아닌가 생각하고 있다. 그렇다고 그가 시대를 대표하는 아티스트나 음악적 선지자라고 생각하는 것까지는 무리가 있을지도 모르나 그가 보여 준 음악가로서의 커다란 면모는 수많은 청취자들에게 감동과 감흥을 불러일으켰고 그의 명작 퍼플 레인(Purple Rain)은 세상의 적지 않은 아티스트들에게 셀 수 없는 변안과 편곡의 영감을 불어넣어 주며 도전적이면서도 참신하고 새로운 양식의 창작과 발상의 토대를 선사해 준 것은 아닌가 생각한다.

프린스라는 아티스트를 예로 다시 서두와 연계하여 결론을 말하자면, 인간 개개인의 조건과 환경 그리고 현실을 마주하여 카르마란 것이 있을 수 있다라는 것을 기준으로 제 각각의 인과성과 상호 연관성이 존재한다는 것을 전제하여 누구나가 각자만의 풀어야 하는 과제가 있는 것이고 그에 따라 거쳐야 할 과정 혹은 해야만 하는 일이 있는 것은 아닌가 생각해 보는 것은 어떨까. 우선 카르마라고 해서 어두운 의미로서의 일종의 불운이나 저주라고 생각하기보다 극복과 고찰의 의미로서의, 유의미한 성장과 성취의 기회로 바라보는 것은 어떨까? 이러한 카르마가 어떤 특정한 조건과 현실에서 풀어야만 하는 과제나 책임, 더 나아가 삶의 어떠한 소명 의식으로도 표현될 수 있겠지만 단순히 결과를 만들고 성취를 이룬다는 견지에서 바라보기보다는 본질적이면서 궁극적인, 내밀하면서도 심원한 각자의 문제 해결과 해소에 그 의미를 찾고 충족시킨다는 삶의 미스터리와 숙원으로 바라본다면 때로 지치고 고단할지라도 삶은 그 노고의 과정에서 경건하고 윤택하게 변화할 것이라는 믿음과 생각을 가져

보는 건 어떨지 고민해 보자. 인간은 누구나가 삶을 개척해 나갈 수 있는 의지와 현명함이 있고 그 과정 속에서 자신만의 방향과 길을 인지한다면 헤어짐과 사라짐, 그리고 적지 않은 실의와 낙담 속에서도 나름의 이유가 있고 의미가 있다라는 것을 알게 됨으로써 삶은 어둡고 막연한 두려움 속에서도 실낱같은 불빛을 마주하는 기대와 희망으로 대할 수 있지 않겠는가 생각하고 있다. 마지막으로 프린스의 퍼플 레인(Purple Rain) 공연 실황에서의 격하게 내뱉는 "One more time~ Everybody!"라는 뜨거운 외침과 함께 모든 관객의 열광과 열정이 어우러져 끝없이 펼쳐질 것만 같은 몰입감의 아름다운 멜로디는 악기 연주와는 거리가 먼 나에게도 열정의 무대와 열광 속의 관객 한가운데서 멋진 연주를 상상케 하는 아련한 감성과 갈망을 불러일으키게 한다는….

51

맺어질 듯하면서도 스쳐 지나가는 인연이 있기도 하고, 큰 고뇌와 갈등 없이 자연스레 맺어지는 인연이 있기도 하다. 반면에 서로에 대한 간절함으로 인연이라 생각하지만 운명적으로 결국엔 잠시 스쳐 지나가게 되는 인연이 있기도 하다고 생각한다. 인연이란 삶의 과정 속에서 우연하게 이루어지기도 하지만 때로는 드라마와도 같은 숙명적인 인연이 있기도 한 것이 우리 현실의 한 부분이기도 하여, 저마다의 사연이 있고 그에 있어 희로가 있으며 삶의 비애란 것이 있는 건 아닌가. 인간의 삶은 그 생명이 다할 때까지 만남과 헤어짐의 연속이고 그 과정 속에서 기쁨과 환희로 행복하고 안정된 삶의 구간이 있기도 하며 한편으로는 갈등과 슬픔 그리고 비극으로 점철되어 불행하고 괴로운 삶이 있을 수 있고 허무와 공허가 스며들어 기력과 활기가 부재한 삶이 있기도 하다. 주위에서 흔히 하는 말로 "인연은 시기가 있다."라는 말이 있고 때로는 "하늘이 인연을 정해 준다."라는 말이 있기도 하다. 짧으면 짧다고 할 수 있고 길면 길다고 할 수 있는 인간의 삶에서 만남과 헤어짐의 반복 속에 접하게 되는 모든 사람들과 인연이라고 하기에는 다소 가볍고 무성의하게 들릴 여지가 있지만 한편으로 인연이란 말이 어떤 숙명을 내포할 수가 있기에 인연이란 것은 때로는 진중하며 신비스럽게까지 느껴지는 부분이 있는 건 아닌가 생각한다. 이런 견지에서 인연이란 것은 자연스럽고 저절로 이루어지는 어감의 말보다는 적지 않은 시간과 다단한 과정을 겪음으로써 어느 시점에 비로소 이루어지는 인연이 희극과 비극을 수반하고 함축하는 드라마적인 의미의 인연으로서 우리에게 무게감 있게 느껴지는 인연이 아닌가 생각이 든다. 그리고 이 드라마적인 인연은 인내의 시간과 각고의 노력 끝에 이루어지는 성취와도 같은 의미로서의 경우도 있겠지만, 마법과 기적과도 같이 우연의 힘으로 서로에게 이끌리게 되어 불꽃처럼 타오르다 사그라지는 비운의 인연이라는 것이 있기도 하여 그 안타까움과 애석함을 승화하여 인간의 삶에 문학이 있고 시가 있으며 예술이 있는 건 아닌가 생각하기도 한다.

영화 〈잉글리쉬 페이션트(The English Patient)〉에서 탐험가이자 지도를 제작하는 지리학자인 알마시는 2차 대전 중 사하라사막의 지도를 만드는 일로 캐서린이라는 이미 다른 남자의 여자를 만나게 되는데, 이 둘은 첫 만남부터 서로에게 강렬한 감정으로 이끌리게 되어 격정적이고 불꽃같은 사랑에 빠지게 된다. 넘지 말아야 할 경계가 있지만 그 경계도 결국 인간이 만든 것은 아니냐며 두 남녀는 불륜이라는 부덕과 통상적인 윤리의 경계를 넘어 갈등과 고민을 하면서도 결국에는 서로를 원하고 열렬히 탐하게 되는 것이다. 끝내는 캐서린의 남편이 이 둘 사이의 관계를 알게 되고 경비행기의 충돌 사고로 다 같이 죽게 되기를 바라며 동반 자살을 결심하지만 불행이면서 동시에 다행스럽게도 알마시와 캐서린은 목숨을 부지하게 된다. 하지만 캐서린은 심각한 부상으로 이동이 불가능하여 적막하고 황량한 사막의 한 동굴 속에서 외롭게 죽음을 마주하며 도움을 청하기 위해 홀로 사막을 나서게 되는 알마시가 구조하러 오기를 기다리는 운명의 상황에 처하게 된다. 알마시가 부상당한 캐서린을 팔로 안고 축 늘어진 그녀의 몸을 힘겹게 고적하고 스산한 동굴에 옮길 때 캐서린은 나지막하며 힘없는 목소리로 그에게 "사랑해요."라 속삭이고 알마시는 이 그녀의 목소리를 마지막으로 간직하며 그녀를 구조하기 위해 목숨을 걸고 바람이 거친 황량한 사막의 한가운데로 길을 나선다. 한편에서는 추위와 배고픔 그리고 고독과 죽음을 마주하여 캐서린은 알마시에게 편지를 쓴다. "내 사랑 당신을 기다리고 있어요. 당신을 부르고 있지만 부름이 당신에게 닿지 않아도 당신은 사막 어딘가에서 나를 향해 오고 있음을 믿고 있어요. 모닥불은 꺼져만 가고 추위로 정신이 혼미해져 가요. 그럼에도 불구하고 이것이 당신에게 가는 불멸의 길이라 믿고 있고 지금 이 순간 나는 행복합니다." 우여곡절 끝에 알마시는 동굴 속의 캐서린에게 돌아오지만 남겨져 있는 것은 그녀의 싸늘한 주검과 애절한 글귀의 마지막 편지뿐. 그녀를 비행기에 태우고 통곡을 하며 조종간을 잡지만 얼마 안 가 비행기는 화염에 휩싸이게 되고 알마시는 비록 또 다시 살아남으나 온몸에 심각하게 화상을 입으며 아직 더 남은 고통의 시간을 홀로 감내해야 한다는….

아름답고도 처연하며 타오르는 불꽃같으면서도 사막의 공허가 느껴지는 이들의 사랑은 비록 만나게 되는 운명일 수는 있었겠지만 불륜과 윤리의 문제는 뒤로하더라도 맺어지지 않아야 할 인연은 아니었던가. 불안한 인연이 됨을 상기하면서 마주하게 될 시련과 비극을 예감했지만 그들은 서로를 불가항력적으로 원하고 탐하게 되며 결국엔 홀연히 사그라지는 불꽃이 된 것이고 그 비련의 사랑으로 인한 대가는 한 순간의 죽음으로 끝나는 것이 아닌 지독한 고통과 회한으로 점철되는 짧지 않은 시간을 거쳐 죽음으로 이르게 된다는 사실은 이 두 남녀에게 너무나도 모질고 혹독한 것은 아니었을까. 규범과 윤리의 문제에 있어 넘지 말아야 할 경계가 있는 것도 현실이지만 때로는 그 경계를 넘음으로써 마주해야 할 비극과 고통을 뒤로

하고 사랑이라는 모험에 기꺼이 몸을 던지는 무모함이 인간의 어리석은 속성이기도 하며 한편으로는 이로 인해 인간은 무한한 동정적인 시선으로 보여지게 되는 가여운 찰나의 존재는 아닌가. 어느 한쪽의 일방적인 구애나 계산적인 생각으로 이루어지는 작위적인 인연이 아닌 기적같이 자연스레 서로에게 빨려 들어가는 마법 같은 사랑의 인연을 만나는 것은 현실에서 결코 쉽지 않기도 하며 설령 인연이 이루어질지라도 그 결말은 때로는 극적인 애환을 내포하기에 슬프고도 비극적인 에피소드의 사랑으로 인간을 다루는 예술과 문학은 그 명맥이 유지되는 건 아닌가 한편으로 생각하고 있기도 하다. 삶에서 발생하는 일련의 파동이나 동요 같은 사건과 일에 대한 수순, 그리고 그 결과에 대해 인간은 어느 정도 인지하고 알 것이라 생각하지만 사랑이라는 것은 때로는 예외적인 함정이며 이런 의지하고 상관 없는 듯한 사랑의 속성이 있기에 프랑스의 작가 라브뤼예르는 "사랑하지 말아야 되겠다고 결심하지만 뜻대로 안 되는 것처럼 영원히 사랑하려고 해도 뜻대로 되지 않는다."라고 말한 것은 아닌가. 진지한 의미에서의 인연의 이루어짐과 사랑의 여물음은 한편으로는 지루하고 쓰디쓴 삶에 있어 놀라운 축복이며 보상이기도 하지만, 때로는 대가란 것이 있다면 그에 대한 대가도 치르는 것이 인간의 삶의 비애에 있어 작지 않은 부분을 차지하는 건 아닐까? 이러한 종류의 비애와 비련으로 어쩌면 인간은 영원히 동정의 틀 안에서 가두어져 벗어나지 못하는 숙명적으로 가련하고 안타까운 존재는 아닌가 하는 느낌을 한편으로도 지우기 어렵다. 대가란 것이 인간 사이에서만 주고받는 것이 아니고 '신'이건 '조물주'건 인간 세상을 위에서 조망하는 그 누군가가 있다면 어쩌면 인간은 그 혹은 그들에게 관찰과 시험의 대상은 아닐까라는 생각도 해 본다. 사랑에 있어 혹은 제어하기에 어려운 서로에 대한 간절함이 가득한 인연에 있어 욕망과 체념 그리고 희생 사이에서 인간은 연약하고 부서지기 쉬운 존재는 아닌가. 스스로 부서짐에도 승화되는 사랑에 대한 갈망은 인간의 어리석음인가, 아니면 인간의 위엄인가…. 이는 영원한 미스터리한 난제는 아닐까.

52

　　　　　　　　　　　　　과학과 기술의 발달, 그리고 일상에서 누리게 되는 편의의 향상으로 문명은 좀 더 진일보되어 현대 사회는 여러 분야에서 첨단을 달리고 있다. 이런 문명의 흐름과 같이하여 자유와 평등, 그리고 인간의 존엄에 대해서도 다방면의 고찰과 함께 사유가 세분화가 되어 가면서 학술과 미덕의 차원에서 여러 내용과 논의, 그리고 논쟁이 지속되고 있는 것이 현대 사회의 언급할 만한 특징 중 하나임은 두말할 나위가 없을 듯하다. 문명의 이기와 편의를 동시대의 많은 이들이 누리게 되는 흐름에서 인류의 보편적 가치의 중요성은 점진적으로 확장되며 저변으로부터 자유와 민주주의, 인권과 평화 더 나아가 공정과 정의에 대한 담론은 구체화되어 왔고 때로는 그 열기에 사회는 소란스럽기도 하고 동시에 진중한 차원의 고민에서 잠시 침묵에 이르기도 한다. 그럼에도 불구하고 여전히 마주하고 있는 현실은 간헐적이기는 하나 큰 틀에서 분쟁과 갈등, 음모와 전쟁, 그리고 일상에서의 배신과 절망, 소외와 무기력 같은 것들은 아닌가 생각해 볼 여지는 있을 것이다. 역사적으로, 그리고 동시대의 수많은 학자와 지성인들이 이러한 이슈와 문제들과 관련하여 사고방식의 전환, 교육의 혁신, 패러다임의 변환을 역설하며 끊임없이 논의는 진행되고 있지만 궁극의 해결책에 있어 우리는 여전히 기다림과 희구의 자세로 아득하기만 한 지평선을 하염없이 응시하고 있는 것은 아닌가. 흔히 하는 표현으로 '과도기적 시대'라는 말이 있다. 생성이든, 소멸이든, 아니면 도약과 진화이든 시대가 다른 하나의 시대로 전이되는 특이할 만한 시점을 대체로 과도기라 부르고 있는 건 아닌지 모르겠다. 유럽의 르네상스의 태동으로 새로운 인간상과 세계상을 주시하고 그 사유의 토대 위에 문화와 교육을 좀 더 깊이 있게 음미하며 탐구함으로써 풍요와 다산성의 예술과 철학, 그리고 수준 있는 과학적 사고의 잉태가 대두되고 발현된 것은 아닌가. 마찬가지로 영국으로부터 시작된 산업 혁명은 수많은 발명과 창의, 기술적 모험과 혁신으로 사회 구조와 경제 구조에 있어 과감하고 근본적인 변환을 불러일으켜 그 과정에 있어 여러 가지 문제점과 더불어 경험상의 오류가 있는 것은 사실이지만 보다 질 높고 세련된 물질의 향유와 각자의 개성을 창출하는 삶과 의식을 영유하는 데 있어 중요한 발판이 되어 왔다는 것은 그다지 의심할 필요는 없을 듯하다. 역사의 연대기적 관점으로부터 한 시대에서 다른 시대로 전환이 이루어지는 시기에는 여지없이 산통과 같은 신음과 소란, 그리고 갈등이 있어 왔으며 이에 있어 흥미롭게도 인간은 지금까지 잘 헤쳐 왔을뿐더러 더 나아가 한 단계 높은 차원으로 인도하는 새로운 출구를 모색하며 또 다른 지평을 알아내고 발견하려는 노력은 끊임없이 이루어지고 있다고 생각하고 있다. 이러한 견지에서 '과도기적'이란 말은 나름 특정적인 의미와 상징성을 지니고 있다고 생각하는데, 쉽게 생각하자면 아무래도 문명과 사회란 큰 틀에서의 변화와 전환의 관점과 더불어 한 개인의 삶의 성장과 과정에서도 이 과도기란 말의 의미와 상징은 때로 남다르고 특별할 수가 있기에 그런 것은 아닐까 생각하고 있기도 하다. 여담이지만, "I finished my time. I did my time."이란 표현이 있는데 통상적인 의미로 "감옥에서 시간을 보냈다."라는 해석도 있지만, 어떠한 긍정적 변모와 진척에 앞서 그 밑거름이 되는 "나만의 어두우면서도 무거운 시간을 보냈다."라는 해석에 더욱 마음이 다가서는 표현은 아닌지 한편으로는 생각하고 있다. 앞서 언급한 것처럼 이러한 맥락에서 긍정으로의 변화와 전환, 그리고 그에 따른 새로운 가치와 미덕의 창출을 앞두고 때로는 발걸음은 무겁게 더뎌지고 비록 잠시일지라도 새롭게 펼쳐지는 변경을 마주하여 주저하고 망설이게 되는 것은 아닌가. 기술의 발달로 유용한 이기와 편의가 넘쳐 나고 한편에서는 풍요로움, 동시에 다른 한편에서는 허기와 궁핍, 그리고 소외로 반목하는 현대 사회의 중심에서 우리는 새로운 출구와 방향을 모색하고 있다면 과연 그 단서는 어디서 찾을 수 있는가에 관한 고민과 고찰은 만약 우리가 과도기적 시대에 있다는 것을 인정하고 있다면 주목할 만한 문제가 아닐 수 없다. 보다 진화된 혹은 더 나은 정책과 사회 구조, 그리고 이념과 가치관에 관한 이슈에 있어 적지 않은 학설과 이론, 주장들이 있지만 어느 한구석에선 아직껏 소란스럽고 어수선하며 헤매는 듯한 군상들이 있다는 현실을 바라볼 때, 우리는 과도기적 시대에 있다는 것은 인지되나 일종의 해결책에 대한 모색에 있어 아직 갈피를 못 잡고 있는 건 아닌가 생각해 볼 필요는 있을 듯하다. 이에 대한 모색과 탐구가 문명과 사회에 있어 의미 있는 도약, 그리고 복합적 견지에서 인간의 진화와 연관하여 당위적인 구실과 의미가 함의되어 있다면 비록 발걸음은 무겁고 번거롭다 하더라도 바짝 긴장하지 않으면 안 되는 시점은 아닌가 생각해 보자. 여러 커뮤니티와 학계로부터 수많은 진지한 아이디어와 논의들이 있지만 다소 새삼스럽고 진부하더라도 우리는 우리네라는 인간Humanity에 대해 다시 한번 고찰하고 조명하는 것은 어떨까? 혹시 우리는 인간이 가지고 있는 밝고 희망적이며 이상적인 모습에만 도취되어 이와는 반대되는 어두우면서 절망적이며 바라보기에 거북한 저변의 단편들에 대해선 애써 외면하거나 회피하고 있는 것은 아닌가. 우리가 우리 스스로를 조명하고 고찰할 때 인간은 본질적으로 갈등으로 점철된 내면을 가진 모순적인 존재라는 인식부터 시작해 보는 것은 어떨까. 인간이 잠재적으로 지니고 있는 밝고 이상적인 모습에 대한 열정적인 갈구만큼 인간 안에 있는 어두우며 추악하고 때로는 비정한 절망의 단편들에 대해 두 눈을 부릅뜨며 냉철하고 강단 있게 마주하는 자세를 가지는 건 어떠할까? 어찌 보면 '선과 악의 구도'일 수도 있고 '밝음과 어두움의 대면'일 수도 있지만 악이나 어두움이라 할지라도 굴복시키거나 무릎을 꿇게 하려는 분투적인 혹은 소모적인 싸움의 자세보다는 철학과 사유, 그리고 훈육으로 하여금 우리 스스로의 관리와 통제를 통해 때론 고통스럽지만 눈을 크게 뜨고 부둥켜안음으로써 필요한 곳에 고삐를 동여매는 꿋꿋하고 의지 있는 자세를 배양하는 거부터 시작하는 건 어떨까 말하고 싶다. 물론 결코 쉬운 일은 아니지만 어두움이 있어야 밝음의 의미가 더욱 절실해지는 간명한 이해처럼, 인간이 지니고 있는 어두움에 대해서 더 이상 시선을 애써 돌리지 말고 용기와 기개로 두 눈을 크게 뜨고 응시하며 때론 분투할지라도 균형점을 찾으며 밝음의 의미를 승화시켜 나가려 하는 기본적인 사유와 노력에서 인간을 되돌아보자. "해 뜨기 직전이 가장 어둡다."란 말이 있듯이 어쩌면 인간은 해가 떠오르는 지평선의 눈부심과 선명함을 마주하기에 앞서 어두움 속에서 자신을 헤아리고 인내하는 마음으로 밝음을 기대하는 것이 인간을 보다 인간답게 하는 데에 있어 거쳐야 할 자연스러운 과정과 수순은 아닌지 생각해 보자.

53

        2022년 7월 3일, 2차 세계 대전에서 연합군의 승리에 결정적인 역할을 한 노르망디 상륙 작전을 배경으로 한 미국 드라마 〈밴드 오브 브라더스〉의 실제 공수 부대원이었던 브래드포드 프리먼이라는 참전 베테랑이 97세의 나이로 세상을 떠났다. 그가 2차 세계 대전의 마지막 생존 병사인지는 아직 확실하지는 않으나 미국 드라마 〈밴드 오브 브라더스〉에 등장하는 이지(Easy) 중대의 마지막 생존 병사이기에 언론은 그의 죽음을 조명하며 국가적 영웅이자 시대의 풍파를 이겨 낸 한 인간이자 어르신으로서 애도를 표하고 있는 듯하다. 가장 처참하고 살육적인 전쟁 중에 하나인 2차 세계 대전에 대해 그 전장의 참혹함과 수천

만에 달하는 군인과 민간인들의 사망자 수에 대한 언급은 물론 지나가는 세대의 고통과 희생을 상기하는 차원에서 나름 의미가 있을 수는 있겠으나, 전장에서 돌아온 마지막 생존자 중에 한 사람이자 노병의 죽음 앞에서 한편으로는 무언가 다른 의미를 곱씹을 만한 것이 있지 않을까 생각되기도 한다. 세상의 거친 시련과 고난이 휘몰아치듯이 집적된 1900년대 초반에 태어나 크나큰 경제 공황과 더불어 연속되어 일어난 것과 다를 바 없는 일련의 세계 대전을 극복하고 다시 냉전의 구도로 첨예한 대립의 시대에 자유민주주의와 경제 성장을 도모한 지금은 사라져 가는 세대를 두고 '위대한 세대 The Greatest Generation'라는 용어가 있고 일각에서는 여전히 그렇게 부르고 있기도 하다. 문명의 전환점과 같은 세계 대전의 시발점부터 커다란 변화를 이루고 창출하고자 그 세대들이 지독한 전장에서 혹은 거친 산업 현장에서 체득하고 진작시킨 근로 윤리와 검소함, 그리고 명예와 희생이 녹아 있는 일련의 가치관에 있어 나름 유산과 교훈에 대한 견지에서 그 의미를 되돌아보는 것도 역시 뜻깊은 일이다. 또한 사라져 가는 노병들의 마지막일 수 있는 생기 있는 눈빛을 통한 그들의 나지막한 고백과도 같은 읊조림에 대해 우리는 잠시 귀 기울이고 헤아려 보는 일도 더욱 의미 있고 중요한 일이라고 느껴지는 이유는, 아무래도 전쟁이 마무리된 지 70년이란 세월이 흐른 탓도 있으며 변화된 의식과 문화의 중심에서 우리는 어디에 서 있고 어디로 가고 있는가에 대한 참고가 될 수 있지 않을까 생각하는 부분이 있기 때문이다. 젊은 나이에 선과 악에 대한 명확한 구분은 잠시 뒤로 하고, 그래도 옳은 것Rightful에 대한 나름의 의무와 소명에 충실하고자 목숨이 걸려 있는 위험한 비극의 전장에서 살아남아 이제는 사라져 가는 노병이 된 그들이 얘기하는 '희망'이 무엇인지 상기하고 음미하는 것부터 시작하는 것은 어떨까?

그렇다면 그들의 나지막한 목소리로 읊조리는 희망은 무엇인가? 그들이 얘기하는 희망은 기대와는 달리 거창하고 커다란 의미의 희망이라기보다, 그 비참한 전장에서 총에 맞아 피 흘리며 죽어 가는 동료가 "너희들과 같이 끝까지 싸우지 못하고 먼저 가게 돼서 미안하다."라는 나지막한 읍소에서 노병들은 희미하나 밝은 실낱과도 같은 인간에 대한 희망과 위엄, 그리고 소박한 고귀함에 대해 고백을 하고 있는 것은 아닌가. 잔학성과 파괴로 점철되는 고되고 처절한 시간으로 말미암아 고통과 망각에 대한 몸부림을 뒤로한 채 전장에서 돌아와 소박하든 소박하지 않든 각자의 맞는 일을 찾아 서서히 세상에 적응을 할 때 그들은 과묵한 현자가 되기도 하고 친근하고 너그러운 인상의 어르신이 되기도 하며 점잖은 학자의 인상을 풍기면서도 고독한 은둔자가 되기도 하지만 눈빛은 그 누구보다도 생생하여 사회와 커뮤니티의 발전에 공헌하고자 하는 성실한 구성원이자 겸손한 인간임을 상기할 때, 어쩌면 이는 인간이 가지고 있는 고유한 아름다움Beauty의 하나는 아닌가? 흥미롭게도 적지 않은 노병들이 장수하기도 하고, 아흔 살이 지나 죽음이 머지않은 시점에서 그들의 희생과 용기로 초석을 만든 Democracy and Liberty(자유민주주의와 압제와 폭압으로부터의 자유)에 대해 언급을 하곤 하는데, 그 어느 것보다도 진실된 뿌듯함과 자랑스러움이 그들의 입에서 묻어나는 것은 아닌가 느껴지기도 한다. 그렇다면, 한편으로는 저 사라져 가는 세대의 노병들이 그렇게 자랑스러워하는 Democracy and Liberty에 대해 수십 년이 지난 후 우리는 그들의 기대와 바램에 부합해 왔는가? 적어도 그들의 기대에 맞아떨어지게 부합하지는 않더라도 그들의 성취와 희생, 그리고 자랑스러움에 대해 우리는 성실하게 음미하고 헤아려 보는가에 대한 질문은 성급하게 대답하지 않더라도 진중하게 생각해 보는 것은 어떨까? 그들이 힘들게 물려준 자유민주주의와 자본주의는 온전히 그 고유한 소명과 의미에 있어 성의 있고 충실하게 이루어 나가고 있는가? 그들이 물려준 Democracy and Liberty에 대해 우리는 단순히 물려받았기에 나태하고 소홀해져 그 소명과 의미를 한편으론 퇴색해 가고 있는 것은 아닌가 생각해 보는 것은 어떨까? 혹시 우리가 자연스럽고 당연하게 여기고 있는 자유와 인권, 그리고 모든 이에 대한 사랑인 박애에 대해 우리는 우리만의 편의와 만족 혹은 안주로 엉뚱하고도 이기적으로 해석하고 주장하고 있는 것은 아닌지도 생각해 보자. 앞에서 언급한 자유와 인권 그리고 박애에 대해 우리가 어떻게 해석하고 실천하는지에 따라 그 결과는 상이하게 달라질 수 있으며 어쩌면 우리는 이러한 일련의 가치와 이념에 대해 재점검하고 재정비를 해야 하는 중대한 시점의 한가운데 있는 것은 아닌지…. 한 치 건너의 앞을 볼 수 있기에 우리는 '인간'이지만 그러기 위해선 두 발로 온전히 서서 앞을 응시해야 하는 것이기에, 우리가 발을 내딛고 있는 바탕을 다시 한번 확인해 보는 것은 어떨까?

54

　　　　　　　　　　　지구의 눈이라 불리우는 허블 망원경이 지구의 대기권 위로 발사되고 지난 30년 동안 획기적인 천문학상의 업적을 이루는 데 기여하다 잦은 고장과 반복되는 수리, 그리고 관측 능력의 한계로 얼마 지나지 않아 그 수명을 다하게 된다고 한다. 허블 망원경이 이루어 낸 우주 과학에서의 새로운 역사와 바탕으로 다행히 수많은 과학자와 천문학자들은 여기에 그치지 않고 심오한 우주의 수수께끼와 신비를 탐구하려는 열망과 도전 정신으로 '제임스 웹'이라는 적외선을 이용하는, 보다 개량된 우주 망원경을 개발하여 지구에서 좀 더 멀리 떨어진 대기권 밖의 깊숙한 곳으로 올려놓았다. '우주를 바라보는 눈'이라는 허블 망원경과는 달리 제임스 웹 망원경에는 '태초의 빛 혹은 태초의 우주를 보는 눈'이라는 의미심장한 임무를 상징하는 듯한 표어가 무엇보다 인상적이기도 하다. 인류는 신과 신앙과 같은 심오하고 심원한 문제들로 고민하는 것부터 시작하여 기술의 발달과 과학 이론의 심도가 깊어짐에 따라 헤아릴 수 없을 정도의 유원한 우주에 대해 갈증과도 같은 흥미와 탐구적 자세를 가지게 되고 이 알고자 하는 노력과 열정으로의 과정은 여전히 끝을 알 수 없는 진행형이며, 어쩌면 지금 갓 본격적인 시작의 선상에 있는지도 모를 일이다. 우주의 그 방대한 규모는 결코 종잡을 수 없을 뿐더러 우주가 막연한 시공간의 개념으로서 그 상태는 팽창한다는 이론조차도 세분화되어 여러 가지 학설이 존재한다는 건 우리가 마주하는 현실이기도 하다. 가뜩이나 그 끝을 알 수 없는 우주의 깊이와 규모에 대한 이슈를 넘어 우주가 어떤 식으로든 팽창한다는 과학적, 물리학적 자료를 바탕으로 어느 시점부터는 인류는 우주의 시작 혹은 우주의 기원으로 시선을 돌려 새로운 고민과 연구가 시작되었다는 것은 인간이 우주의 아득한 무한성에 체념했다기보다는 어떤 결과를 계산하고 이해하기 앞서 어떤 근원적 원인과 이유가 있을 것이라는 다소 겸허하고 여유 있으며 무르익은 자세가 선행되었기에 가능하지 않았나 한편으로는 생각이 들기도 한다. 태초의 빛 혹은 태초의 폭발을 바라본다는 제임스 웹 망원경의 표어는 우주의 시작점 혹은 우주의 시초를 탐구하고 궁리함으로써 어쩌면 세상의 만물과 사건 그리고 현상을 기본으로부터

규명하고 연구한다는 진중하고도 장엄한 의미로 느껴지고 있다. 이에 관해 적지 않은 학설의 출현과 부단한 탐구가 계속되고 있지만 여전히 짙은 안개 속에서 안타깝지만 헤매고 있다는 것도 엄연한 현실이다. 그렇다면 세상의 만물과 기이하고 신비스러운 일련의 현상과 사건들을 탐구하고 종합함으로써 우리는 무엇을 얻고 찾으려 하는 것일까? 우주의 기원을 헤아림으로써 우리는 생명과 의식 혹은 에너지와 물질의 탄생과 더 나아가 인간과 우주의 운명Destiny을 짐작하고 탐색하며 우리의 삶과 정체성 그리고 그에 따른 소명과 인식의 발전을 품고 부화시키려는 노력과 열망은 아닐까 생각하고 있기도 하다. 생명을 응시하고 삶과 미래를 개척하는 과정에서 우리는 운명을 논하고 이 운명 앞에서 우리는 무거운 침묵에 고개를 숙이기도 하고 때로는 두 눈을 부릅뜨고 운명의 흐름에 우리 스스로를 과감히 던지기도 하는데, 이것이 역사를 만들고 문명을 이루는 발판이자 근간은 아닌가 생각하고 있다. 이러한 견지에서, 어떤 결과를 향해 모색하고 탐구해 가는 과정에서 뿌리가 되는 근원적인 원인과 이유를 고찰하고 숙고하는 자세와 마음가짐은 여러모로 의미 있을 뿐만 아니라 그 결과가 무엇이던 간에 그 과정을 유의미하게 하는 데 중요한 요인과 구성의 역할을 하지 않나 말하고 싶다. 솔직하게 말하자면 우주의 그 끝없는 한계의 부재에서 가늠하기 어려운 공허와 덧없음을 느끼더라도 절망과 부정은 뒤로하고 우리가 왜 알아가고 헤아리려고 하는 탐구와 열정이 사라지지 않는 이유는 '생명과 의식'이 있기 때문이며, 어쩌면 그 생명의 중심에는 우주의 기원에서의 태초의 빛과 비유할 만한 가늠하기 어렵지만 오묘한 원동력이 있기에 가능한 것은 아닌가 생각해 보는 것은 어떨까? 영화 〈벤자민 버튼의 시간은 거꾸로 간다〉에서 주인공 벤자민은 80세의 외모를 가지고 태어나고 그의 부모는 그를 양로원에 버려 둔다. 80세의 노인의 외모를 지니고 태어났지만 주인공 벤자민은 시간이 흐를수록 자신이 젊어져 간다는 걸 알게 되고, 비록 나이를 거꾸로 먹는 기구한 삶에서 비롯하는 소외와 아픔, 상실과 절망에도 벤자민은 삶과 생명으로부터의 은혜를 의식하는지 그가 가고자 하는 인생의 방향과 운명을 받아들이고 세상의 모험 한가운데 기꺼이 몸을 던진다. 다르게 태어났기에 자신이 감수해야 할 운명으로서 그만의 고독과 죽음, 불안과 상실의 어두운 정서는 뒤로하고 벤자민은 회의하지 않고 체념하지 않으며 주의의 불편한 시선과 냉소를 이겨 내며 모험과 낭만 그리고 사랑에 있어 담대함을 보여 준다. 벤자민이 그의 마지막 시간에 무슨 생각을 했는지는 알 수 없지만 그가 유일하게 진실되게 사랑한 한 여자의 남자로서 그녀의 무릎 위에서 삶의 마무리를 장식했다는 것은 어찌 보면 생명은 결국 또 다른 자연 혹은 '또 다른 어머니의 품'으로 돌아간다는 일종의 은유는 아닌가. 비유가 다소 비약일지는 모르나 저 심원하고 오묘한 우주의 비밀과 운명을 탐구하는 과정에서 어떤 단정적인 결과나 해답을 얻게 되는 것은 미지수일 수도 있겠지만 마찬가지로 우리의 삶의 흐름과 운명을 개척하는 과정에서 수많은 모호함과 어렴풋함이 있을 수 있으나 무엇보다 끊임없이 포기하지 않고 탐구하며 열의를 가지고 삶과 생명의 본질을 알아 가려 하는 자세와 마음가짐이 중요한 것은 아닌가? 어쩌면 우주의 끝에 무엇이 있는가에 관한 문제와 우리네 삶의 마무리에 어떠한 결과가 있는가에 관한 화두에 있어 괄목할 만한 것은 우리가 왜 이 탐구적 자세를 포기하지 말고 견지해야만 하는지와 아울러 무슨 이유로 생명이 주어진 것이고 삶을 지속해 나가야만 하는 물음에 귀를 기울어야만 하는 것은 아닐까 말하고 싶다. 어쩌면 왜 우주가 탄생되었는가에 관한 물음과 같이 우리는 왜 생명을 부여받고 세상에 태어나게 되었는가에 관한 궁극적 질문과 궁리가 우주 혹은 우리네 삶의 흐름과 운명의 마무리에 있어 그 모색의 과정에서 더욱 값진 결과와 해답이 놓여 있지 않을까 생각해 보자.